믿고 맡길 수 있는 행복한 보육

국공립 어린이집 +1000

| 서울을 바꾸는 정책 |
인간다운 삶 05

국공립어린이집 +1000

지은이 백선희
초판1쇄인쇄 2017년 5월 2일
초판1쇄발행 2017년 5월 10일

펴낸이 서왕진
펴낸곳 서울연구원
편집 김경혜, 전말숙, 송도숙, 이소정
디자인 림霖 디자인
인쇄·제본 현문인쇄
업무협조 서울특별시청 김설희, 김영수, 임성진, 홍성보
서울연구원 고준호, 이원영, 문신주

주소 서울시 서초구 남부순환로 340길 57
전화 02-2149-1234
팩스 02-2149-1019
홈페이지 www.si.re.kr
ISBN 979-11-5700-182-8 04300
979-11-5700-113-2 (세트)

국공립어린이집 +1000 / 지은이: 백선희. -- 서울 : 서울연구원, 2017
p. ; cm. -- (인간다운 삶 ; 05)

참고문헌 수록
ISBN 979-11-5700-182-8 04300 : ₩7000
ISBN 979-11-5700-113-2 (세트) 04300

어린이 집
국공립 보육 시설[國公立保育施設]

375.15-KDC6
372.21-DDC23 CIP2017009217

서울을 바꾸는 정책

인간다운 삶 05

국공립 어린이집 +1000

믿고 맡길 수 있는 행복한 보육

백선희 지음

서울연구원
The Seoul Institute

일러두기

어린이집과 보육시설은 동일 개념이다. 원래 법정 용어는 보육시설이었으나, 보육현장의 요구로 영유아보육법을 개정하여 보다 부드러운 용어인 '어린이집'이라는 용어를 사용하게 되었다. 이 책에서 보육시설이라는 용어를 함께 사용하는 이유는 보육시설의 본질(Child Care 또는 Day Care)을 보다 잘 나타낼 수 있기 때문이다. 실제 정책, 행정, 연구 분야에서는 보육시설이라는 용어가 병행 사용되고 있다.

서문

믿고 맡길 어린이집 확충, 그 희망을 이루어가다

1991년 1월 영유아보육법이 제정된 지 25년이 지났다. 그 동안 어린이집은 1990년 12월 기준 1,919개소에서 2015년 12월 기준 4만 2,517개소로, 아동은 4만 8,000명에서 145만 2,813명으로 폭발적으로 증가했다. 더욱이 저소득층에게만 보육료를 지원하던 이전과는 달리 국민 누구나 무상보육 혜택을 누릴 수 있으니, 이제 보육정책은 한국의 대표적인 복지 정책이라 하겠다. 그런데 부모들은 여전히 "믿고 맡길 어린이집이 부족하다"라고 아우성이다.

믿고 맡길 어린이집을 공급하는 일은 일차적으로 국가 책임이다. 국가가 책임지고 지원하고 관리해야 한다. 무상보육을 실시하고 있는 지금, 국공립어린이집과 민간어린이집, 그리고 보육교사에게 과거와 비교할 수 없을 정도로 많은 재정을 투입하고, 평가인증제도를 도입하는 등 관리에 힘쓰고 있지만 여전히 지원과 관리가 부족하다. 더욱이 보육료는 무상이지만 특별활동과 기타 경비라는 이름으로 매달 많게는 수십만 원씩 보호자가 비용을 부담하는 게 현실이다. 또한 보육교사가 적정 아동 수를 초과해서 맡다 보니 질 좋은 보육환경을 장담하기 힘들고, 그로 인해 어린 자녀를 둔 부모들은 불안하기만 하다. 믿고 맡길 어린이집, 어디에서 어떻게 찾을 수 있을까?

부모들이 그나마 믿고 맡길 수 있는 어린이집은 국공립어린이집이다. 그러면 부모들은 왜 국공립어린이집을 신뢰하는 걸까? 우선 민간어린이집보다 공공성과 투명성이 강조되기 때문이다. 또한 민간어린이집 간에는 신뢰와 질적 편차가 심한 반면, 정부가 엄격히 관리하는 국공립어린이집은 질적 편차가 크지 않고 아동학대와 방임, 부정한 시설운영 사례가 현저히 적기 때문이다. 늦은 시간까지 자녀를 돌봐주고 급식 관리에도 엄격하며 특별활동비 같은 기타 경비 부담이 적은 것도 부모들이 국공립어린이집을 선호하는 이유다.

하지만 부모들의 기대와는 달리 국공립어린이집은 전국에 6%밖에 되지 않는다. 정부의 상당한 재정투자에도 불구하고 국공립어린이집이 이렇게 적은 국가는 없다. 다른 나라의 현황을 보면, 어린이집 중 일본은 41%(2012), 프랑스는 66%(2010), 스웨덴은 72%(2013)가 국공립시설이다. 나머지도 우리나라처럼 개인에게 운영을 맡기는 것이 아니라 사회복지법인 등 비영리법인이 운영하고 있다. 우리나라에서는 지난 25년 동안 어린이집과 보육재정이 급속히 늘어났지만 국공립어린이집을 확충하는 일에는 소홀했던 것이 사실이다. 이러한 상황 속에 2012년 박원순 시장의 서울시 민선 5기가 출범하면서 서울시민 복지기준선이 마련되었다. 이때 '2020년까지 국공립보육시설(어린이집) 확충 30%'가 서울시민 복지기준으로 포함되었다. 2020년까지 전체 어린이집 중 국공립어린이집의 비율을 30%까지 끌어올리겠다는 것이다. 그러나 국공립어린이집 확충은 현실적으로 어려운 정책과제라는 것을 알기에 많은 사람들이 반신반의했다.

그런데 서울시가 국공립어린이집을 확충하는 데 팔을 걷어붙이기 시작했다. 의회를 설득해 예산을 확보하고 본격적으로 추진하여 급기야 민선 6기에 들어서면서 '국공립보육시설(어린이집) 확충 +1000'을 발표했다. 2015년부터 2018년까지 4년 동안 국공립어린이집을 1,000개 확충하겠다는 것이다. 실제로 2016년 한 해 동안 새로 생긴 국공립어린이집은 300개이다. 1995년부터 2011년까지 6년 동안 254개, 연평균 42개가 생긴 것에 비하면 놀라운 수치다. 한국 사회에서 불가능해 보였던 일을 서울시는 가능한 것으로 만들어가고 있다.

서울시는 '국공립어린이집 확충 +1000' 목표 달성 이후에도 2019년과 2020년에 국공립어린이집을 추가 확충하여, 국공립어린이집 확충 30%라는 목표에 종지부를 멋지게 찍을 계획이다. 이러한 서울시의 국공립어린이집 확충 정책성과는 서울시민의 만족감을 높일 뿐만 아니라 우리나라 국공립어린이집의 비중을 높이는 데 긍정적으로 기여할 것이다.

서울시는 국공립어린이집을 확충하는 과정에서 또 하나의 정책목표를 갖게 되었다. 바로 서울시 국공립어린이집의 서비스 질을 향상하고 공공성을 확보하는 것이다. 이를 위해 보육서비스지원센터를 설치해 국공립어린이집 보육교사의 질을 높이고 공공정책에 대한 이해를 높이기 위해 노력하고 있지만 아직은 시작에 불과하다. 서울시 국공립어린이집이 진심으로 서울시민들이 믿고 맡길 수 있는 곳이 되기 위해 서울시는 어린이집을 어떻게 운영하고 관리할지에 대해 계속 고민해야 한다.

서울시 국공립어린이집의 상징은 '희망의 노랑새'이다. 노랑새은 희망을 상징하고, 작은 새는 우리 아이들을 상징한다. 희망의 노랑새는 바로 서울의 아이들이다. 국공립어린이집이 희망의 노랑새, 즉 서울의 아이들을 품는 공간이 되어 자라나는 아이들에게 긍정적인 꿈과 희망을 주기를 기대한다.

2017년 4월
백선희

차례

CHAPTER 3 국공립어린이집 확충으로 가계 부담을 줄이다

CHAPTER 4 국공립어린이집 확충으로 좋은 일자리를 만들다

CHAPTER 5 국공립어린이집 운영을 차별화하다

CHAPTER 1

돌봄 받을 권리, 아동권

사회적 위험으로서의 육아와 아동권

현대 사회에서 육아는 일종의 '사회적 위험'이다. 육아가 더 이상 부모와 가족의 사적 책임으로 해결할 수 있는 일이 아니라는 것이다. 유엔아동권리협약에서는 부모의 책임과 더불어 당사국, 즉 정부의 역할을 강조한다(제18조). '당사국은 아동의 양육책임 이행에 있어서 부모와 법정 후견인에게 적절한 지원'을 해야 하고, 특히 '취업부모의 아동들이 이용할 수 있는 아동보호를 위한 편의 및 시설 사용에 대한 권리가 있음을 보장'해야 한다는 것이다.

OECD 국가의 취업률에 관한 자료를 보면 만 5세 이하 자녀가 있는 기혼여성들도 일과 가정을 양립하고 있다는 사실을 알 수 있다. 우리나라에서는 만 0~2세 자녀를 둔 엄마들의 취업률이 34%밖에 되지 않지만, 덴마크에서는 76%, 네덜란드에서는 74%나 된다. 만 3~5세 자녀를 둔 우리나라 여성들의 취업률이 47%인데 반해 덴마크는 80%나 된다. 스웨덴 역시 만 1~5세 이하 자녀를 둔 여성들의 83%가 일을 한다.[1] 이들 국가의 공통점은 일과 가정의 양립을 지원하는 사회적 기반이 잘 갖추어져 있다는 점이다.

아동의 권리 보장에 관한 협약 내용을 요약하면 '아동양육에 대한 부모의 책임과, 부모가 그 책임을 다하도록 지원하는 국가의 의무'로 정리할 수 있다. 어린 자녀를 둔 부모들을 지원하는 정책으로는 육아휴직, 아동수당, 보육서비스 등 다양한 사업들이 있는데 각각의 사업은 다른 사회적 기능을 수행한다. 그중 보육서비스는 부모가 취업활동 등으로 낮 시간 동안 자녀를 돌볼 수 없을 때, 부모를 대신해 그 역할을 해주는 정책이다. 육아를 개인의 영역에서 사회적 영역으로 가져온 것이다. 다시 말해 가정에서 부모가 자녀를 돌보던 것을 사회적 공간인 어린이집(어린이집)에서 부모 대신 전문가(보육교사)가 돌보는 정책이다.

일반적으로 부모가 자녀를 돌볼 수 없는 낮 시간 동안 사회적으로 돌봐준다는 의미로 '보육'을 '데이케어(Day Care)'라고 부르기도 한다. 그리고 대부분의 국가에서는 어린이집을 이용할 수 있는 자격을 취업부모의 자녀와 집에서 자녀를 돌보기 어려운 중증장애부모 등의 자녀로 제한하고 있다. 아동권리협약에서 특별히 취업부모의 자녀들이 아동어린이집을 이용할 권리를 보장하라고 강조하는 이유는 취업부모들이 일하는 동안에는 자녀를 돌보는 것이 물리적으로 불가능하기 때문이다. 부모가 자녀를 돌보지 못한다면 아동 입장에서는 부모로부터 적절히 보호받아야 할 권리를 보장받지 못하는 것이다.

1991년 제정된 우리나라 영유아보육법에서는 그 목적을 '부모가 취업이나 질병으로 자녀를 돌보기 어려울 때, 그 자녀를 보호하고 교육하며 부모의 경제사회적 활동을 지원'하는 것으로 규정하고 있다.[2] 어린이집 이용 자격을 취업부모의 자녀로 제한하지는 않았지만, 보육정책에서 국가가 우선적으로 책임져야 할 대상을 취업부모의 자녀로 밝힌 것이다.

당시 국가의 최우선 과제는 어린이집을 확충하는 것이었

다. 1990년 우리나라의 어린이집은 모두 1,919개소에 불과했고, 그중 국공립어린이집이 전체의 19%(360개), 직장어린이집이 1%(20개)였으며, 나머지는 민간 또는 가정어린이집이었다.[3] 2015년 현재 어린이집은 모두 4만 2,517개소로 크게 증가했다. 그중 국공립어린이집이 6.2%(2,629개소), 사회복지법인어린이집이 3.3%(1,414개소), 직장어린이집이 1.8%(785개소), 부모협동어린이집이 0.4%(155개소), 민간어린이집이 36.4%(15,460개소)이며, 가정어린이집이 가장 많은 51.9%(22,074개소)를 차지한다. 이처럼 어린이집이 급증한 이유는 모든 영유아를 대상으로 보육정책이 시행되기 때문이다.

어린이집 확충에서 가장 큰 특징은 어린이집의 공급이 정부 주도적이기보다 민간에 의존하고 있다는 사실이다. 주요 국가의 국공립어린이집 비율을 보면 일본이 41%, 프랑스가 66%, 스웨덴이 72%이고,[4] 나머지 경우도 비영리법인이 운영하는 경우가 대부분이다. 이와 비교해 우리나라의 국공립어린이집은 전체의 6.2%에 불과하며, 나머지는 대부분 개인이 운영하는 민간어린이집과 가정어린이집이다. 보육정책의 일차적 과제인 어린이집 공급에 있어서 우리나라는 아직 그 책임을 다하지 못하고 있음을 알 수 있다.

저출산 현상과 보육정책에 대한 사회적 투자

우리나라 보육정책이 급속도로 발전한 배경에는 한국의 심각한 저출산 문제가 있다. 2005년에는 합계출산율 1.05명을 기록했는데, 이는 우리나라 역사상 최저 수준인 동시에 당시 세계적으로도 가장 낮은 출산율 수준이었다. 저출산의 주요 요인으로 단연 육아문제가 꼽히기 때문에 보육정책은 대표적 저출산 대책으로 인식되었고, 이에 대한 사회적 투자도 급속히 확대되었다.

2005년 이후 우리나라 보육정책의 특징은 다음과 같이 정리할 수 있다. 첫째, 모든 영유아를 위한 보편적 보육정책이라는 점이 강조되었다. 2004년 영유아보육법이 전면 개정되는 과정에서 법률의 목적에 규정되어 있던 취업부모 자녀를 위한 지원이라는 대상 규정이 삭제되었다. 물론 법 개정 이전에도 부모의 취업 여부가 어린이집 이용에 아무 제한을 주지 않았지만 법이 개정되고 저출산 문제가 확대되는 과정에서 보편적 성격은 더욱 강조되었다. 이후 정책 수요가 커졌고 어린이집도 급증했다. 그런데 대부분 민간어린이집이 공급을 주도하였다는 것이 특징이다.

둘째, 보육서비스 질을 강조하기 시작했다. 믿고 맡길 어린이집에 대한 요구가 커진 것이다. 그 영향으로 2005년 어린이집 평가인증제도가 도입되었다. 국가가 규정한 질적 수준을 만족하는 어린이집에 품질 인증을 해주는 제도이다. 그러나 인증 받는 것을 모든 어린이집의 의무가 아닌 선택에 맡겼다는 한계를 갖고 있다. 정부의 재정이 투입되는 곳이면 당연히 정부의 평가가 뒤따라야 함에도 불구하고, 지금까지도 민간부문의 어린이집 원장들이 평가인증을 반대하고 있기 때문이다.

셋째, 비용 지원의 보편성이다. 정부는 저소득층 중심으로 보육료를 지원해오다 2012년부터 만 0~2세 영아와 만 5세아를 대상으로 무상보육을 확대했으며, 2013년부터 만 3~4세까지 확대하여 전면 무상보육을 실시하고 있다. 이처럼 보육정책의 보편적 확대에도 불구하고 어린이집 확충에 대한 국가책임, 보육서비스 질에 대한 사회적 기대, 이용자의 실질적인 비용 부담 감소는 여전히 해결해야 할 과제다.

서울시 보육정책, 어디까지 왔을까?

보육시설(어린이집)의 양, 보육서비스의 질, 그리고 비용 부담 측면에서 서울시 보육정책을 우리나라 전국 수준과 비교하면서 점검해보자. 먼저 우리나라의 어린이집은 2015년 기준 총 4만 517개소이고, 그중 국공립어린이집은 6.2%(2,629개소)이다. 2011년 기준 총 3만 9,842개소 중 5.3%(2,116개소)가 국공립어린이집이었으므로, 4년 동안 1.1%(513개)가 증가했다. 서울시의 현황은 어떨까. 서울은 국공립어린이집 비율이 10%를 넘는 유일한 광역자치단체다. 2011년 기준 총 6,105개소 중 10.8%(658개소)의 국공립어린이집이 있었는데 이후 4년 동안 264개를 확충하였다. 그 결과 2015년 기준 총 6,598개소 중 국공립어린이집이 14%(922개소)를 차지했다. 서울시 다음으로 국공립어린이집이 많은 부산(8.2%)과 비교했을 때 5.8% 더 많다.[5] 어린이집 전체 공급량은 적지 않으나 정부의 책임을 보여주는 국공립어린이집 공급량은 여전히 미흡하다. 또한 서울시의 국공립어린이집 비율은 전국 평균보다 2.3배 높지만, 앞서 살펴본 일본, 프랑스, 스웨덴 등 보육 선진국들과 비교하면 너무도 부족한 것이 현실이다.

다음으로 보육서비스의 질적 측면을 살펴보자. 우리나라 어린이집의 평가인증 유지율은 2015년 현재 79%다. 2012년 64%였던 것과 비교해 15% 증가했다. 서울시 어린이집의 평가인증율은 2015년 80%로 전국 평균보다 약간 높고, 2012년(71%)과 비교해 9% 상승했다.[6] 그러나 전국 17개 광역자치단체 중 10위이므로 우수한 결과라고 할 수 없다. 양질의 보육서비스를 위해 평가인증율을 보다 높은 수준으로 끌어올릴 필요가 있다.

서울시에서 실시하고 있는 서울형어린이집도 민간부문의 서비스 질을 개선하는 데 어느 정도 도움이 된다. 서울형으로 공인이 되면, 국공립어린이집과 마찬가지로 인건비 지원을 받을 뿐만 아니라 별도의 추가 지원금을 받기도 한다. 이러한 지원이 민간어린이집의 서비스 질과 공공성 제고에 어느 정도 기여하였다고 할 수 있으나 투자비용 대비 효과와 서울형어린이집이 과연 국공립어린이집을 대체할 수 있을지는 여전히 회의적이다.

마지막으로 보육비 부담 측면에서 접근해보자. 우리나라의 무상보육은 형식적 무상보육이다. 실제로 무상으로 어린이집을 이용할 수 있는 영유아가 있는 반면 그렇지 않은 경우도 있다. 보육료를 모두 지원받는 실질적인 무상보육은 국공립어린이집, 사회복지법인어린이집, 직장어린이집, 그 외 영아전담어린이집이나 장애아전문어린이집 등 특정 어린이집을 이용하는 경우만 해당이 된다. 그러나 민간어린이집과 가정어린이집을 이용할 경우에는 보육료 일부를 부담해야 한다. 확실한 무상보육대상 시설인 국공립어린이집, 사회복지법인어린이집, 직장어린이집을 이용하는 아동은 2011년 서울시 전체 이용 아동 중 28%에서 2015년 31.7%로 증가하였다.[7] 이

외 민간어린이집 중에서도 영아전담, 장애아 전문, 일부 법인 및 단체어린이집과 서울형어린이집의 이용자도 무상보육 대상자다. 이 중 서울형어린이집은 2016년 상반기 기준 1,348개소가 운영 중이다.[8]

결국 무상보육의 기반을 확대하기 위해서는 무상으로 이용할 수 있는 어린이집, 그중에서도 국공립어린이집을 늘려야 한다. 사회복지법인어린이집은 감소 추세일 뿐만 아니라 직장어린이집의 확충도 크게 기대할 수 없기 때문이다. 이미 어린이집이 민간 중심으로 공급되고 있는 우리나라 상황에서 국공립어린이집 확충 정책은 쉬운 일이 아니다. 그러나 이러한 상황을 고려한다 해도 국가책임 영역인 국공립어린이집을 30% 수준으로 끌어올릴 필요가 있다. 국공립어린이집 확충은 국가가 어린이집을 확충하고, 보육서비스 질을 제고하며 무상보육을 확대하는 가장 효과적인 방법이기 때문이다. 동시에 부모의 양육책임을 지원하는 데도 효과적이다.

입소까지 3년, 여전히 부족한 국공립어린이집

서울시 영유아의 31%는 어린이집이나 유치원을 이용하지 않는다.[9] 이 영유아들의 부모들은 어린이집이나 유치원을 이용할 때 지원받을 수 있는 정부의 보육료나 교육비 바우처 대신, 현금의 양육수당을 받는다. 이들은 보육의 잠재적 수요자들이다. 2014년 양육수당을 받는 부모들을 대상으로 조사한 결과를 보면, 이들은 정부의 양육비 지원정책(35.5%)보다 우수한 서비스와 어린이집 확충정책(64.5%)을 선호하는 것으로 나타났다.[10] 양질의 보육서비스와 어린이집 확충에 대한 요구는 취업모 가구에서 좀 더 높았지만, 비취업모 가구에서도 현금정책보다 시설확충정책을 선호했다.

2011~2015년 사이에 어린이집이 많이 늘어났음에도 불구하고, 여전히 86%는 민간부문에서 운영하고 있고, 이 어린이집들을 이용하는 아동도 73.7%였다. 2015년에도 14만 4,143명이 국공립어린이집 입소를 기다렸는데, 그중에는 만 0~2세 영아가 83%(11만 9,567명)나 된다.[11] 아이를 국공립어린이집에 입소시키기까지 3년을 기다리기도 한다.

서울시는 2012년부터 올해 현재까지 국공립어린이집 156개소를 추가로 늘려 9일 1,000번째 국공립어린이집을 개원한다고 8일 밝혔다. (중략) 이로써 서울시 국공립어린이집 비율이 2011년 10.8%에서 올해 현재 15.5%가 됐지만 서울시내 어린이집 학부모들의 체감도는 여전히 낮은 상황이다. (중략) 서울연구원에 따르면 2014년 9월 기준 서울시 어린이집 입소대기자 18만 2,000명 중 54%인 9만 8,000여 명이 국공립어린이집 입소 대기 상태다. 하지만 시설부족으로 대기 기간은 최대 3년까지 소요되는 것으로 나타났다. (중략) 서울 양천구에 거주하는 영유아 학부모 김 모 씨(34)는 "국공립어린이집을 늘린다곤 하는데, 학부모들이 체감하기엔 여전히 입소는 꿈같은 얘기"라고 말했다.

"'입소는 꿈이죠…' 서울 국공립어린이집 1000개 무색", 머니투데이, 2015.5.8.

어린이집에 대한 수요와 국공립어린이집 확충에 대한 정책 선호도, 국공립어린이집 대기자 수 등을 종합적으로 고려한다면, 서울시는 국공립어린이집을 더 확충할 필요가 있다.

CHAPTER 2

서울시, 국공립어린이집을 확충해가다

민간의존에서
국공립어린이집 확충으로!

2008년 서울의 국공립어린이집 비율은 11% 정도였다. 당시 전국 평균의 2배 수준이어서 체면치레를 했다고 할지 모르나 시민의 입장에서 보면 여전히 부족했다. 2009년 오세훈 전 서울시장 시절에, 국공립어린이집 대신 민간어린이집을 지원해 민간어린이집을 국공립어린이집처럼 운영하겠다며 시작한 것이 서울형어린이집 사업이었다. 그러나 서울형어린이집도 결국 민간어린이집이다. 국공립어린이집을 제대로 확보하려면 서울형어린이집과 같은 민간어린이집이 아닌 국공립어린이집 자체를 늘려 나가야 한다.

2008년부터 2011년까지 3년간 국공립어린이집이 증가한 추이를 보면 한 해 평균 겨우 13개씩 늘었다. 당시 서울시 보육예산의 상당액이 서울형어린이집이라는 민간어린이집 지원에 사용되었다. 그러나 서울시가 국공립어린이집 확충을 주요 정책으로 추진하기 시작한 2012년부터 2015년까지는 한 해 평균 66개씩 늘어났다.

서울시의 국공립어린이집 확충정책 결과 2011년 658개소이던 국공립어린이집은 2015년에 922개소로 264개 증가하

서울시 국공립어린이집 현황

구분	2011년 12월	2015년 12월	변화량
국공립 어린이집	658개소	922개소	264개소 증가
국공립어린이집 미설치동	37개 동	13개 동	24개 동 감소
국공립어린이집 이용아동(정원)	55,150명	70,561명	15,411명 증가
입소 대기기간	18.8개월(예상)	9.7개월(실제)	9.1개월 단축
국공립어린이집 보육교사	5,526명	8,609명	3,083명 증가

자료: 백선희, 2016, "서울시 민선 5기, 국공립보육시설 확충정책의 성과와 과제", 비판과 대안을 위한 사회복지학회 추계 학술대회 발표자료집

였다. 이로써 어린이집 중 국공립어린이집이 차지하는 비중이 10.8%에서 14%로 증가하였는데, 이것은 전국 국공립어린이집의 비중 평균(6.2%)보다 2.3배 높은 수치다. 국공립어린이집을 확충하는 과정에서 국공립어린이집이 전혀 없었던 동이 37개에서 13개로 감소한 것도 의미 있다.

4년 동안 264개소를 신규로 확충하면서 국공립어린이집을 이용할 수 있는 자리(정원)가 15,411개 늘어났고, 이로 인해 국공립어린이집 대기 기간이 18.8개월에서 9.7개월로 줄어들었다. 또한 국공립어린이집 보육교사라는 좋은 일자리가 3,083개 증가하였다.[12]

2018년까지 국공립어린이집 +1000

그동안 서울시를 비롯하여 전국적으로 국공립어린이집 비중이 너무 작았기 때문에 지난 몇 년간의 노력만으로 모든 수요를 충족시킬 수 없었다. 서울시만 해도 2014년 9월 기준 어린이집 입소대기자는 18만 2,000명에 이를 정도로 많았으며, 그중 54%가 국공립어린이집 입소를 1~3년간 기다리고 있었다. 취업모들의 70%는 육아지원서비스로 '믿고 맡길 수 있는 어린이집 확충'을 희망하였다.[13]

이에 서울시는 민선 6기를 시작하면서 2014년 11월에 '국공립어린이집 1000개소 확충 계획'을 발표하였다.[14] 국공립어린이집의 비중을 30% 가깝게 끌어올릴 수 있는 획기적인 계획이었다. 2015년부터 2018년까지 4년 동안 국공립어린이집을 매년 150~300개 신규로 확충하여, 2018년에 국공립어린이집의 비율을 2014년의 두 배인 28%(1,934개소)로 늘리는 것이 주요 내용이다. 이럴 경우 2018년까지 추가로 3만 5,000명의 영유아가 국공립어린이집을 이용할 수 있게 된다. 영유아보육법 시행 첫해인 1991년부터 2014년까지 약 24년 동안 6만 5,000명을 위한 국공립어린이집을 마련한 게 전부였는데, 불과 4년 만에 이용자 수를 10만 명으로 끌어올리겠다는 것은 획기적인 계획이 아닐 수 없다. 계획대로라면 어린이집을

'국공립어린이집 1000개소 확충 계획' 연차별 추진 계획

	추진 계획				
연도별	2014년	2015년	2016년	2017년	2018년
시설확충 (누적) (비율)	71개소 (934개소) 14%	150개소 (1,084개소) 16%	300개소 (1,384개소) 21%	300개소 (1,684개소) 25%	250개소 (1,934개소) 28%
누적 정원	6만 5,000명	7만 명	8만 명	9만 명	10만 명
소요 예산	689억 원	945억 원	1,890억 원	1,890억 원	1,575억 원

자료: 서울특별시 여성가족정책실, 2014, "국공립어린이집 1000개소 확충 계획"

이용하는 영유아 2명 중 1명은 국공립어린이집을 이용할 수 있게 된다.

이와 같은 대규모 사업이 추진될 수 있었던 첫 번째 동력은 서울시의 국공립어린이집 확충에 대한 정책적 의지다. 서울시는 2012년 '서울시민 복지기준'을 발표했는데, 중점사업의 하나로 '어린이집 서비스 질 향상과 국공립보육시설 균형 배치'를 선정했다.[15] '국공립보육시설 균형 배치'를 위한 정책 목표는 2016년까지 서울의 424개 행정동 98%에 국공립어린이집을 2개 이상 배치한다는 것이다. 이와 더불어 발표한 것이 2020년까지 국공립어린이집을 30%까지 확충한다는 계획이다. 국공립어린이집 30% 확보는 지금까지 중앙 및 지방정부 어디에서도 찾아볼 수 없는 목표이다. 국공립어린이집 1,000개소 추가 확충 사업은 그 목표를 달성하기 위한 전략적 접근이라고 할 수 있다.

두 번째 동력은 자치구에 대한 과감한 재정투자 계획이다. 서울시는 1,000개소 추가 확충을 위해 4년간 6,300억 원을 투입하겠다고 밝혔다. 국공립어린이집 확충은 기본적으로 재정이 많이 투입되는 사업이다. 국공립어린이집 1개를 확충하는 데 토지비와 건축비를 합해 20억 원이 소요된다고 할 때,

중앙정부의 지원액은 최고 2억 5,000만 원(2015년 기준)에 불과하다. 나머지 17억 5,000만 원을 서울시와 자치구가 공동 부담해야 한다. 그런데 그중 자치구가 50%를 부담해야 한다면, 자치구의 재정 여건에 영향을 받을 수밖에 없고 그 결과 자치구별로 큰 편차가 발생할 수밖에 없다. 서울시는 자치구의 재정 부담을 덜기 위해 자치구의 부담을 최저 5% 수준으로 낮추고, 1개소 당 최고 25억 원까지 지원하는 파격적인 행보를 하고 있다. 2015년부터는 법적으로 가정형 국공립어린이집이 가능해지자 아예 확충비용 전액을 지원하고 있다(국고 지원 포함).[16] 서울시의 자치구에 대한 재정지원 모델은 중앙정부의 국공립어린이집 확충 정책에 시사하는 바가 크다.

모든 동네가 평등하게!

서울시민으로서 영유아들은 국공립어린이집 등 공공시설을 이용할 권리가 있다. 또한 실제로 이 시설들을 이용하려면 자기가 사는 집 가까이에 있어야 한다. 국공립어린이집 확충사업은 사실 두 가지 목표를 갖고 있다. 하나는 국공립어린이집을 서울시 전체 어린이집의 28% 수준으로 늘리는 것이고, 다른 하나는 모든 행정 '동'에 설치하되, 특별한 사유가 없다면 한 동에 2개소 이상 확보하는 것이다.

먼저 자치구 단위로 국공립어린이집의 편차를 살펴보자. '국공립어린이집 +1000'사업을 실시하기 직전인 2014년 10월 자치구의 국공립어린이집 확충 현황을 보면, 중구 2개소, 광진구 3개소, 성동구 31개소, 성북구 24개소 등 각 자치구별로 천차만별이다. 지역별 영유아 수가 다르기 때문에 절대 수로 비교하는 것으로는 보육의 공공성 실태를 정확히 파악하기 어렵다.

국공립어린이집 비중을 살펴보아도 자치구별 편차가 심하다. 종로구가 유일하게 국공립어린이집 비율이 30%를 넘어서고 중구, 성동구, 강남구도 20%가 넘는다. 그러나 도봉구,

서울시 자치구별 국공립어린이집 확충 현황(2014.10) (단위: 개소)

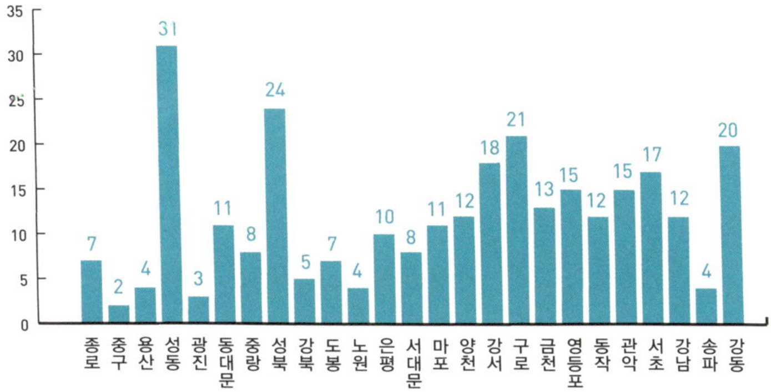

자료: 서울특별시 여성가족정책실, 2014, "국공립어린이집 1000개소 확충 계획"

노원구, 은평구, 송파구는 국공립어린이집 비중이 10%도 안 된다.[17]

자치구별 편차를 줄이려면 자치구의 의지도 중요하지만, 재정자립도가 약한 자치구를 지원하는 정책이 중요하다. 서울시는 25개 자치구의 재정 여건에 따라 3개 그룹으로 나누고, 재정 여건이 가장 좋은 강남구에는 국공립어린이집 확충 예산을 최대 75%밖에 지원하지 않지만, 재정 여건이 상대적으로 좋지 않은 노원구, 은평구, 금천구 등 18개 자치구에는 최대 95%를 지원한다.[18] 그 결과 서울시는 지난 2012~2015년 사이 국공립어린이집 264개소를 확충하면서 국공립어린이집이 1개도 없는 동을 37개(2011년)에서 13개(2015년)로 줄였고, 2개동 이상 확보한 동을 173개(2011년)에서 317개(2015년)로 144개 늘렸다.

일본은 어린이집을 확충하며 '우체통 수만큼의 어린이집'을 정책 슬로건으로 삼았다. 가까운 곳에서 이용할 수 있을 정도로 어린이집이 충분해야 한다는 말이다. 서울시가 국공립어린이집을 확충하는 과정에서 균형적 배치 전략을 채택한 것 역시 접근성 보장 측면에서 의미가 있다.

민관 협력, 국공립어린이집 확충의 서울형 모델

서울시는 부동산 가격이 비싸기 때문에 국공립어린이집 1개를 확충하는 데 많은 비용이 든다. 그래서 비용 절감의 방법을 찾지 않으면 '국공립어린이집 확충 +1000'사업을 추진하는 데 상당한 재정 부담을 안게 되고, 그러다 보면 사업 자체에 빨간불이 켜질지도 모른다.

서울시는 비용 절감 방법으로 민간이 참여하는 상생의 방법을 모색했는데, '국공립어린이집 확충 서울모델'이 좋은 예다. 서울모델이란 공공기관이나 공동주택에 국공립어린이집을 설치하거나 민관 공동연대 사업으로 확충비용을 절감하고 민간 참여를 장려하는 모델이다.

서울시는 2012~2014년 3년 동안 총 296개의 국공립어린이집을 확충하였다. 그중 30%는 민관연대를 통해, 30%는 공동주택 즉 아파트 관리동을 활용하여, 11%는 공공기관의 협력으로 늘려나갔다. 민간어린이집을 매입 신축할 때 평균 19.5억 원이 소요되고, 신축할 때 평균 17.2억 원이 필요한 것과 비교하여, 민관 연대 방식으로 국공립어린이집을 확충하면 평균 4.5억 원, 공동주택을 활용하면 1.5억 원, 공공기관을 활용하면 6.2억 원이 든다.[19]

민관 협력 방식은 기업, 종교단체, 학교, 개인 등이 어린이집 설치 장소를 제공하거나 서울시가 부지를 제공하면 민간이 어린이집을 설치해주는 '비용 절감형 서울모델'이다. 기업이나 단체가 어린이집 운영을 희망하는 경우에는 처음 5년 동안 국공립어린이집을 운영할 수 있는 기회도 제공된다.[20]

이와 같은 민관 협력 방식은 국공립어린이집을 확충하는 데 비용이 덜 든다는 장점도 있지만, 무엇보다 우리 사회의 미래를 위해 함께 노력한다는 데 더 큰 의의가 있다. 서울시가

국공립어린이집 확충 서울모델

- 신축은 지양하고, 재정 부담 최소화하는 **'비용 절감 모델'**
- 민간 협력을 통해 보육의 사회적 책임을 공유하는 **'민관상생 모델'**
- 보육수요 및 지역별 안배(1동당 2개소 이상)를 고려하는 **'균형적 모델'**

자료: 서울특별시 여성가족정책실, 2013. 1. "2013년 국공립어린이집 확충 사업 추진계획"

2012~2014년 동안 확충한 296개 중 무려 89개 국공립어린이집이 민관 협력으로 만들어진 것이다. 몇 가지 사례를 살펴보자.

구로구에 있는 생명숲어린이집은 생명보험사회공헌재단이 어린이집을 만들어 기부한 곳이다. 125명의 영유아를 보육할 수 있는 구로구에서 가장 큰 어린이집이다.[21] 새롬마을어린이집은 지역의 새마을금고가 토지를 15년간 무상으로 제공하고 공사비도 일부 기부하여 만들어진 어린이집이다. 99명의 영유아를 보육할 수 있는 이 어린이집을 짓는 데 총 15억 7,400만 원이 들었다. 새마을금고가 토지를 제공해준 것은 물론이고 건축비 중 3억 3,000만 원도 부담했다.[22] 성동구의 리버젠어린이집은 공동주택 내에 설치된 어린이집이다. 서울시와 민간건설사의 업무협약을 통해 이 회사에서 짓는 아파트 내

의무보육시설은 국공립어린이집으로 확충하기로 하였다. 공동주택 관리동에 국공립어린이집을 설치할 경우 소요비용은 평균 1억 5,000만 원에 불과하다. 홍천사 구립어린이집은 불교계와 민관 협력으로 지은 어린이집이다. 홍천사가 토지를 무상으로 제공하고, 서울시와 성북구가 건립비 19억 5,000만 원을 투입하여 85명의 영유아를 위한 어린이집을 지었다.[23] 키움어린이집은 기독교계와 민관 협력으로 지은 국공립어린이집이다. 마포구청과 협의하여 교회의 교육관인 키움관 1층 공간을 마포에 무상 임대하고, 마포구에서는 이를 리모델링하여 영유아들을 보육하고 있다.

서울시는 위의 사례에서 보는 바와 같이 종교기관, 민간기업, 공공기관 등의 참여와 협조로 국공립어린이집을 늘려가고 있다. 민관 상생의 연대 활동도 국공립어린이집 확충의 좋은 모델이 되고 있다.

서울형어린이집,
국공립어린이집으로 전환

서울시는 2009년부터 서울형어린이집을 운영하고 있다. 서울형어린이집은 민간어린이집을 국공립어린이집과 같이 운영하도록 재정을 지원하는 사업이다. 서울형어린이집은 중앙정부의 공공형어린이집의 모델이 된 사업으로 서울시가 국공립어린이집 확충정책을 시행하기 전까지는 서울시의 대표적 사업으로 꼽혔다.

서울형어린이집은 2016년 9월 기준으로 1,348개소가 있다.[24] 2009년 첫해에 1,799개소를 서울형어린이집으로 공인한 후 2012년 최고 2,392개소까지 지원하였다. 현재 그 수가 줄어든 주요 이유는, 사업 초기에는 정부지원 시설인 국공립어린이집까지 서울형에 포함시켰으나 사실상 정책 의도에 맞지 않다 하여 2014년 이후 국공립어린이집을 서울형어린이집에서 제외시켰기 때문이다.

서울시는 서울형어린이집에 국공립어린이집보다 더 많은 재정을 지원하고 있다. 국공립어린이집처럼 인건비와 보육교직원 처우개선비를 지원할 뿐만 아니라 어린이집 확충에 자기자본을 투자한 것을 반영하여 총보육료 수입의 10%에 해당하는 지원금을 기타운영비 명분으로 지원하고 있다. 대신 서울형어린이집 운영자에게 투명한 회계 등 국공립어린이집의 운영기준을 따르고, 보육료도 국공립어린이집과 똑같게 하여 부모의 보육료 부담을 줄이고, 국공립어린이집 보육교사의 인건비 기준에 따라 보육교사 급여를 지급하도록 요구하였다.[25]

서울시는 2015년에도 서울형어린이집에 800억 원 이상을 투입하고 있지만, 국공립어린이집과 같은 공공성을 기대하는 데는 한계가 있다. 특별활동비 등 기타 경비를 일반 민간어린이집 기준으로 받고 있고, 특별활동 관련 리베이트 수수 등의 문제가 발생하기도 하였다. 이러한 일들은 서울시가 서울형 어린이집에 대한 투자보다 국공립어린이집을 확충하여 보육의 공공성을 강화하는 쪽으로 정책방향을 결정하는 데 영향을 미쳤다.

서울형어린이집 사업은 지금도 유지되고 있지만, 국공립어린이집을 확충하는 과정에서 더욱 발전된 형태로 전개되고 있다. 서울형어린이집 중 우수한 곳을 발굴해 국공립어린이집로 전환 기회를 제공하는 방식이다. 국공립어린이집과 같이 운영하던 서울형어린이집의 운영 경험을 긍정적으로 평가하여, 우선적인 기회를 주는 것이다. 서울시는 2015년 이후 기존 가정어린이집 일부를 국공립어린이집로 전환할 수 있는 기회를 주고 있다. 다만 그 기회는 서울형어린이집으로 운영하던 가정어린이집에만 제공된다. 물론 서울형어린이집을 국공립어린이집로 전환하겠다고 신청하는 경우도 매우 긍정적으로 검토하고 있다.

이와 같은 서울형어린이집의 국공립 어린이집으로의 전환은 민관 협력 모델 중 하나다. 서울시는 현재 서울형어린이집을 '민간시설의 공공재 진입 모델'[26]로 활용하고 있다. 2016년 7월 기준으로 국공립어린이집로 진입한 서울형어린이집은

190개소이다.[27] 민간어린이집을 서울형어린이집으로, 그리고 서울형어린이집을 다시 국공립어린이집로 전환시키는 것은 한국적 상황을 고려한 민간과 공공의 상생 모델이라 할 수 있다.

CHAPTER 3

국공립어린이집 확충으로 가계 부담을 줄이다

국공립어린이집 확충으로 무상보육의 권리를

2012년 영아무상보육이 시작되면서 만 0~2세 영아들은 보육료를 내지 않아도 어린이집에서 다닐 수 있게 되었다. 같은 해 만 5세 누리과정(교육·보육과정)이 무상으로 제공되면서 유치원과 어린이집을 다니는 만 5세 유아들도 교육비 또는 보육료를 내지 않게 되었다. 그리고 이듬해인 2013년부터 누리과정 무상보육 대상이 만 3~4세까지 확대되었다. 이렇게 하여 2013년은 우리나라 모든 영유아들을 대상으로 무상보육·교육을 시작하는 해가 되었다.

무상보육과 관련해 무상보육, 무상유아교육, 누리과정, 무상누리과정 등 다양한 용어들이 사용된다. 무상보육은 어린이집을 무상으로 다닌다는 것이며, 무상유아교육은 유치원을 무상으로 다닌다는 의미다. 누리과정은 어린이집과 유치원에서 사용하고 있는 통합교육·보육과정[28]을 말하고, 무상누리과정은 어린이집과 유치원에서 누리과정을 무상으로 제공한다는 뜻이다. 이 글에서는 어린이집의 무상보육에 초점을 맞춰 살펴볼 것이다.

무상보육에서 중요하게 확인해야 할 것은 '무엇을 무상으로 제공하느냐'이다. 두 가지 차원으로 접근이 가능한데 먼저, 어린이집에서 부모에게 받는 비용의 명목을 이해해야 한다. 비용의 종류는 크게 '보육료'와 '특별활동 등의 기타 경비'로 나눠진다. 정부가 말하는 무상보육은 보육료에 대한 지원이지 특별활동 등 기타 경비에 대한 지원은 아니다. 다시 말해 무상보육 시대라고 하지만, 보육료가 무상일 뿐 어린이집에 다니는 누구도 기타 경비라는 비용 부담을 피해갈 수는 없다.

우리가 알아야 하는 두 번째 차원은 무상보육이 실제로는 보육료 전부를 지원하지 않는다는 사실이다. 중앙정부가 매

넌 발표하는 무상보육 기준 금액은 실제 보육료가 아니라 정부지원단가다. 즉 정부의 보육료지원 기준 금액이다. 국공립어린이집의 보육료는 정부지원단가와 동일하게 결정된다. 정부지원단가가 1,000원이면 국공립어린이집의 보육료도 1,000원이다. 즉 추가적인 보육료 부담 없이 어린이집을 이용할 수 있는 무상보육이다. 정부가 인건비를 지원해주는 어린이집들을 정부지원어린이집이라고 부른다. 국공립어린이집, 사회복지법인어린이집이 대표적이며 이외에도 일부 법인·단체어린이집, 영아전담어린이집, 장애아전문어린이집, 직장어린이집들이 해당되는데, 모두 무상교육을 받을 수 있는 곳이다. 서울시 경우는 서울형어린이집에서도 무상보육을 받을 수 있다.

그렇다면 정부가 인건비를 지원하지 않는 민간어린이집, 가정어린이집, 부모협동어린이집 등의 보육료는 어떻게 결정되는지 살펴보자. 서울시와 같은 광역자치단체는 정부지원단가를 참고하여 정부미지원어린이집이 받을 수 있는 보육료 최고액을 정한다. 이것을 보육료 수납한도액이라고 한다. 정부미지원어린이집, 즉 민간어린이집이나 가정어린이집은 이 범위 안에서 각자 어린이집에서 받을 보육료 수준을 결정한다.

그러면 자연스럽게 민간어린이집이 받을 보육료와 정부지원단가 사이에 차액이 발생된다. 이 차액이 바로 부모가 부담해야 하는 보육료다. 민간어린이집의 만 0~2세의 수납한도액은 정부지원단가와 동일한데, 그 이유는 정부가 민간어린이집에 기본보육료라는 명목으로 별도의 지원을 하기 때문이다.

2016년도 서울시의 수납한도액이 어떻게 결정되었는지 살펴보자. 국공립어린이집을 포함한 정부지원어린이집의 보육료 수납한도액은 만 0세가 43만 원, 만 1세가 37만 8,000원, 만 2세가 31만 3,000원, 만 3~5세가 22만 원이다. 이 금액은 정부지원단가와 동일하다. 즉 정부의 정부지원단가 지원만으로 어린이집을 무상으로 다닐 수 있다. 민간어린이집을 포함한 정부미지원어린이집의 수납한도액은 만 0세가 41만 8,000원, 만 1세가 36만 8,000원, 만 2세가 30만 4,000원, 만 3세가 29만 2,000원, 만 4~5세가 27만 8,000원이다. 만 0~2세 영아의 수납한도액은 정부지원단가와 동일하므로 어린이집을 무상으로 다닐 수 있다. 그러나 만 3세는 최고 7만 2,000원, 만 4~5세는 최고 5만 8,000원의 차액 보육료를 부모가 부담해야 한다. 서울시는 차액 보육료를 내야 하는 영유아들을 위해 월 2만 4,000원씩 보조금을 지급하고 있지만, 나머지 비용은 이용자가 부담해야 하는 몫이다.

이와 같은 사실을 통해 정부나 일반사회에서 말하는 영유아 무상보육이 정부지원어린이집에 다니는 만 0~5세 영유아와 정부미지원어린이집에 다니는 만 0~2세 영아에 국한된 정책이라는 것을 확인할 수 있다. 즉 정부미지원어린이집을 이용하는 만 3~5세 유아에게는 무상보육이라는 말이 성립되지 않는다.

국공립어린이집이 확충되면 국공립어린이집을 이용하는 아동 수가 늘고 이는 곧 무상보육을 받는 아동이 늘어난다는 의미다. 이러한 측면에서 보면 국공립어린이집 확충은 더 많은 영유아들에게 무상보육의 권리를 보장하는 길이다. 이와 동시에 기존 제도 안에서 무상보육 대상자를 확대해가는 정책이기도 하다.

배보다 배꼽이 더 큰 기타 비용

정부는 무상보육을 하고 있다고 하지만 돈을 내지 않고 어린이집에 다니는 경우는 없다. '특별활동 및 기타 필요경비'를 내야 하기 때문이다. 어린이집에서 비공식적으로 특별활동이 시작되더니, 2014년 3월 영유아보육법 시행령에 아예 '특별활동 프로그램(제30조의2)'이라는 조항이 신설되었다. 그리고 여러 비판의 목소리에도 불구하고 특별활동이 합법화되면서, 만 18개월 이상 아동이 특별활동을 할 수 있도록 허용되었다.

특별활동과 관련된 문제는 크게 두 가지다. 하나는 어린이집에서 특별활동이 필요한지에 대한 근본적 문제제기이며, 다른 하나는 특별활동을 받기 위해 이용자가 그 비용을 부담해야 한다는 것이다.[29] 이용자가 부담하는 비용은 비단 특별활동비뿐만 아니라 소위 '기타 필요경비'라는 명목의 비용도 있다.

이처럼 특별활동 및 기타 필요경비는 모든 어린이집에서 청구하는 비용으로, 이용자가 부담해야 한다. 이는 무상보육 제도를 무력화시키는 요인이 되기도 한다.

배보다 배꼽이 더 큰 특별활동 등 기타 비용

서울시는 2015년 2월 '어린이집 특별활동 개선 종합대책'을 마련하였다. 이전까지 서울시는 어린이집에서 받을 수 있는 특별활동비 한도액 결정을 자치구에 위임해왔다. 그러다 보니 25개 자치구별로 금액이 제각각일 뿐 아니라 민간어린이집은 한 달에 8~19만 원까지, 국공립어린이집도 5~15만 원까지 이용자에게 청구하고 있었다.[30]

특별활동 프로그램을 운영하는 어린이집은 서울시 전체 어린이집의 76%인 5,106개소였다. 만 0~2세의 영아 중심으로 보육하는 가정어린이집을 제외하면 92%나 된다.[31] 공적 보육 정책은 2013년 이후 전면 무상보육이 되었지만, 정부의 보육료 지원정책이 확대되는 동안 어린이집의 특별활동비 청구는 계속 늘어왔던 것이다. 서울시의 특별활동 개선 종합대책은 어린이집의 과도한 비용 청구와 필요 이상의 특별활동을 억제하기 위한 조치라고 할 수 있다. 특히 어린이집에서 받을 수 있는 특별활동비를 국공립을 포함한 정부지원어린이집은 5만 원, 서울형어린이집은 6만 5,000원, 기타 민간어린이집은 8만 원을 상한선으로 제한한 것은 이용자의 부담을 감소하는 데 크게 기여하였다.[32]

이와 같은 서울시의 조치로 이용자들의 특별활동비 부담은 줄었지만, 이외에도 이용자가 어린이집에 비용을 내야 하는 항목은 여전히 남아 있다. 소위 기타 필요경비라는 것이다. 2016년 서울시가 결정한 특별활동비와 기타 필요경비 한도액을 보자. 먼저 특별활동비는 2015년과 마찬가지로 정부지원어린이집은 5만 원, 정부미지원어린이집은 8만 원으로 결정되었다. 다만 다른 점이 있다면 서울시로부터 운영비 지원을 받는 서울형어린이집도 국공립어린이집과 마찬가지로 5만 원 이하로 그 한도액을 낮췄다는 것이다. 서울형어린이집이 국공립어린이집보다 더 많은 정부지원을 받고 있는 터라 국공립어린이집과 동일한 수준을 적용하는 것은 너무도 당연한 일이다.

일반 시민들이 잘 모르는 기타 필요경비 항목을 살펴보자. 서울시가 정한 최고 수납한도액은 입학준비금 연 10만 원, 행사비 연 8만 5,000원, 현장학습비 분기별 7만 2,000원, 차량운행비 월 5만 5,000원, 급식비 월 4만 원(20일 기준)이다.[33] 자치구는 이 범위 안에서 어린이집이 받을 수 있는 각 항목별 최고 한도액을 정할 수 있고 이와 별도로 특성화비 수준을 정할 수 있다. 이러한 결정에 대해 서울시가 기타 비용 수납을 허용하였다고 비판적으로 보는 사람도 있다. 그동안 지속된 전국 보육현장의 관행을 일방적으로 무시하기에는 어린이집 원장들의 거센 반발이 예상되었기에 인상율을 제한하고 상한액을 두는 정도로 조정한 것이다. 그러나 시민들의 입장에서 볼 때 여전히 이해할 수 없는 항목과 비용이 있으며, 정부의 무상보육정책에 대한 체감을 반감시키는 요인임에 틀림없다.

이처럼 현재 우리나라의 보육정책은 무상보육이라는 이름

아래 정부가 막대한 재정을 투입하고 있는 것에 비해 이용자의 정책 체감은 떨어질 수밖에 없는 구조다. 그나마 2015년에 서울시가 특별활동비를 5만 원에서 8만 원으로 낮춘 것은 긍정적으로 평가할 만하다. 그러나 기타 필요경비에 대해 수납 한도액을 두기는 하였지만 2014년 대비 10% 인상을 허용한 것은 아쉬움으로 남는다.

특별활동비와 기타 비용에 대한 이용자 부담을 줄이기 위해서는 우선 불필요한 항목을 줄여야 한다. 공공서비스를 제공하는 어린이집에서 이용자가 비용을 부담해야 하는 특별활동을 제공하는 것이 적절한지, 입학금 10만 원이나 행사비 8만 5,000원 등 기타 비용 수납이 필요한지 등에 대한 공론화도 없이 슬그머니 보육비 항목에 자리 잡은 것은 문제다. 둘째, 근본적 대책은 아니지만 국공립어린이집이 확충되면 이용자 부담이 자연스럽게 줄 수 있다. 보다 많은 국공립어린이집을 확보하여 보다 많은 이용자들에게 과도한 특별활동비와 기타 비용에 노출되지 않도록 하는 것이다. 그러면서 어린이집의 공공적 성격을 확산시켜 나갈 필요가 있다.

특별활동비 없는 어린이집 만들기 프로젝트

서울시는 서울시여성가족재단이 수탁한 국공립어린이집을 연구형어린이집으로 운영하고 있다. 서울시의 모든 국공립어린이집이 위탁 운영되고 있는 상황에서, 국공립어린이집에 대한 사회적 요구인 공익성, 신뢰성, 투명성, 우수한 서비스 질 등을 현장에 어떻게 반영할 것인지에 대한 문제제기를 해야 한다. 연구형어린이집은 그것을 실험하는 모델이다.

여성가족재단은 연구형어린이집의 운영 목표를 '공익성 및 책무성에 기반한 국공립어린이집 위탁운영 사업을 통해 보육의 질 개선 및 위탁운영 모델을 개발'하는 것이라고 밝혔다. 연구형어린이집의 운영 목표 중에는 '놀이 및 체험 중심의 활동, 보육과정 내실화 등 특별활동비 없는 어린이집 조성을 통해 아동권리 존중'이라는 항목이 포함되어 있다. 그리고 그 배경을 '특별활동비 없는 어린이집 시범실시를 통해 영유아 체험 중심의 놀이 활동 및 아동권리를 존중하는 서울시 보육정책을 실행하고 선도하며, 운영위원회 및 지역사회 재능기부 자원 발굴을 통해 보육비용은 낮추고 보육의 질은 확보하는 모범 사례를 창출'하기 위한 것이라고 설명하고 있다.[34]

연구형어린이집은 '특별활동'이 없는 어린이집이 아닌 특별활동 '비용'이 없는 어린이집을 표방하고 있다. 연구형어린이집의 특별활동은 두 가지인데, 하나는 '동화책으로 세상을 배우는 아이들'이란 프로그램과 '체육활동'이다. 동화 프로그램은 보육교사와 부모참여 등으로 진행되고, 외부 강사가 오는 체육활동 비용은 운영비로 충당한다. 이외에도 다양한 지역연계 프로그램을 실시하고 있다.

이와 같은 시도에 대해 보호자들의 94%가 특별활동을 대체하고 있는 동화 프로그램이 영유아발달에 적절하다고 평가하고, 69%가 다른 어린이집에서 실시하는 특별활동(특히 영어)이 없어도 현재 보육프로그램에 만족한다고 하였다.[35] 특별활동비 없는 어린이집을 실천하기란 쉽지 않은 일이다. 보호자들이 어린이집 프로그램에 만족해 하면서도 특별활동이 없는 것에 대해 불안감[36]을 보이기 때문이다. 연구형어린이집은 이에 대한 전략으로 특별활동비 제로를 강조하기보다 영유아 체험중심 활동과 놀 권리를 강조하는 등 아동권리 존중을 목표[37]로 접근하고 있다.

특별활동비 없는 어린이집의 가시적인 효과는 이용자의 부담을 줄이는 것이지만, 보다 중요하게는 영유아에게 필요 이상의 불필요한 활동을 요구하지 않는 것이다. 또한 일부 활동이 영유아에게 필요하다 할지라도, 그 활동을 '국가의 공적 재원이 투입되는 어린이집 현장에서 해야 하느냐'라는 근본적 문제제기다. 더욱이 국공립어린이집에서는 적절하지 않다.

연구형어린이집인 '목3동보듬이어린이집'의 실천과정에서 우리는 중요한 가치를 발견할 수 있다. 바로 부모와 지역사회가 함께하는 보육이다. 한 언론사가 진행한 목3동보듬이어린이집 원장과의 인터뷰에 따르면, 부모와 지역사회의 재능기부로 따로 비용 부담 없이 다양한 활동을 진행하고 있었다. 이러한 실천을 어디서부터 확산시켜 나갈 수 있을까? 바로 국공립어린이집이다. 민간어린이집은 이윤 추구의 목적을 배제할 수 없는 게 현실이기 때문에 특별활동비 없는 어린이집 만들기에 동참하기가 쉽지 않을 것이다.

부모와 어린이집, 지역사회가 함께하는 보육은 특별활동비 없는 어린이집 운영을 시도하면서 발견한 소중한 가치다. 서울시의 국공립어린이집을 중심으로 이러한 가치를 확산하고 실천해야 할 것이다.

아이 · 부모 · 교사가 오고 싶은 '목3동보듬이어린이집'

2015년 3월, 서울시는 보육료 부담을 해소하고 보육현장에서 제기되는 운영의 어려움을 개선해 국공립어린이집의 보육서비스 질을 높이고자 어린이집 운영모델로 서울시 양천구에 1호 연구형어린이집인 목3동보듬이어린이집을 개원했다. 다음은 정혜경 원장과의 인터뷰 중 일부다.

Q 연구형어린이집은 어떻게 운영되고 있습니까?

A 목3동보듬이어린이집은 서울시여성가족재단이 위탁 운영하고 있습니다. 서울시여성가족재단은 보육의 전문성과 공익성을 갖춘 서울시 출연기관으로 어린이집 위탁체의 실질적 역할에 대한 모델을 만들기 위해 노력하고 있습니다.

Q 교육 프로그램에 있어 다른 어린이집과 차별점은 무엇입니까?

A 연구형어린이집으로서 학부모의 보육비 부담을 최소화하기 위해 특별활동비 없는 어린이집으로 운영하고 있습니다. 최소한의 특별활동으로 아이들의 신체발달을 위해 체육활동을 실시하되, 특별활동비를 받지 않고 어린이집 운영비로 진행하고 있습니다. 또한 학부모님들에게 비용 부담을 주지 않으면서도 아이들에게 다양한 프로그램을 제공하기 위해 학부모 재능기부인 부모자조모임을 시작하게 됐습니다. 뜻이 있는 학부모들의 적극적인 참여로 어린이집과 가정, 지역사회가 더불어 아이들을 키울 수 있는 시스템이 구축되어 가고 있습니다. 정기적인 재능기부 참여가 가능한 6명의 어머니들이 월 2회 요리활동, 영어동화, 만들기, 체육, 일본어 등의 프로그램으로 수업을 진행하고 있습니다.

자료: 「모범어린이집 탐방」 아이 · 부모 · 교사가 오고 싶은 '목3동보듬이어린이집'", 《베이비타임즈》, 2016.7.27.

CHAPTER 4

국공립어린이집 확충으로 좋은 일자리를 만들다

보육서비스의 질과 좋은 일자리

좋은 일자리는 '경제적 보상수준이 높고, 해당 직종의 사회적 위세가 높으며, 주관적 직무만족도가 높은 일자리'[38]이다. 그런데 보육교사라는 일자리는 일반적으로 경제적 보상 수준이나, 사회적 위세가 높지 않고, 직무만족도에 영향을 미치는 직무스트레스가 큰 직종 중 하나다. 따라서 좋은 어린이집 일자리를 많이 만들어내는 사회적 노력이 필요하다.

보육교사에게 좋은 일자리를 제공하는 일은 곧 좋은 보육서비스를 제공하는 일이라고 해도 지나친 말이 아니다. '보육의 질은 구조적인 질과 과정적인 질 사이의 상호작용 결과'[39]라는 말이 있다. 보육의 질을 구성하는 구조적인 요소로는 교사 훈련과 자격, 교사 대 아동비율, 집단 규모 등이 있고, 과정적인 요소로는 교사의 안정성과 연속성, 근로조건, 교육과정, 아동과 교사의 상호작용 등이 있다.[40] 이러한 요소 중에서 보육교사의 좋은 일자리와 관련된 요소들을 찾아보면, 교사 대 아동비율, 교사의 직업 안정성, 근로조건을 들 수 있다.

서울시의 보육교사들도 근로환경이 보육서비스 질에 영향을 미친다는 것을 알고 있다. 2013년 실태조사에서 국공립어린이집 보육교사는 교사 대 아동 비율, 임금, 근무시간 순으로, 민간어린이집 보육교사들은 임금, 교사 대 아동 비율, 근무시간 순으로 보육서비스 질에 영향을 미친다고 생각했다.[41]

보육교사의 좋은 일자리 조건에는 이외에 많은 것이 포함되겠지만 교사 대 아동 비율, 고용 안정성과 연속성, 그리고 근로조건을 대표하는 보수체계와 수준이 중요하다. 상대적으로 고용 안정성이 높고 근로조건이 좋은 국공립어린이집 확충은 곧 좋은 일자리 확충을 의미한다.

안정적인 처우와 근로환경의 공공 일자리 창출

우리나라에서는 보육교사의 보수체계 자체가 어린이집 유형에 따라 다르다. 국공립어린이집, 법인어린이집 그리고 직장어린이집에서는 매년 정부가 정하는 '보육교직원 인건비 지급 기준'에 따라 보육교사에게 보수를 지급한다. 보육교사와 원장뿐만 아니라 어린이집에서 근무하는 간호사, 영양사, 특수교사, 치료사, 조리원의 인건비 기준도 마련돼 있다. 매년 경력을 인정받아 호봉이 올라가고, 인건비 일부를 정부가 보조해주는 것이 특징이다. 2016년 기준으로 보육교사 1호봉은 월 156만 7,000원, 원장 1호봉은 월 189만 1,000원이다. 참고로 2016년, 지방직공무원 9급 1호봉의 월지급액은 134만 6,000원, 서울시 사회복지시설 이용시설의 사회복지사(5급)와 사회복지시설 생활지도원(5급)의 기본급은 132만 1,000원이다.[42] 이와는 달리 민간어린이집, 가정어린이집, 부모협동어린이집의 교사들은 원장과 개별적으로 근로계약을 체결한다. 호봉 인정도 되지 않고, 정부의 인건비 지원도 없어 대체로 민간어린이집에서 일하는 보육교사의 처우가 더 열악하다.

보육교사의 보수수준은 영유아에게 받는 보육료의 수준과 연동되어 있다. 보육료의 상당 부분을 인건비가 차지하기 때문에 인건비를 올리려면 보육료를 올려야 한다. 그런데 보육료를 올리면 당연히 무상보육 예산과 부모의 부담이 커질 수밖에 없다. 하지만 역으로 보육료를 올린다고 인상분만큼 민간어린이집 보육교사의 인건비가 인상된다고 보장할 수 없는 게 현실이다. 민간어린이집 보육교사의 인건비는 원장과 보육교사 간의 사적 계약이기 때문이다.

중앙정부와 지방정부는 열악한 처우를 개선하기 위해 보육교사에게 직접 지원하는 방법을 생각해냈다. 각종 수당을 지원하는 것이다. 그 일환으로 중앙정부는 보육교직원들에게 교사 근무환경 개선비 명목으로 월 20만 원, 누리과정 담당교사 지원금으로 월 30만 원을 지원한다. 서울시는 민간·가정어린이집 보육교사에게 월 20만 원, 국공립어린이집 등 정부지원시설 교사에게 처우개선비 월 14만 5,000원과 중식비 2만 5,000원을 지원한다. 이외 서울시 자치구별로 별도의 처우개선비를 지원하고 있다. 초봉에서도 국공립어린이집 보육교사는 최고 30년의 경력을 인정받으면(최고 30호봉) 급여를 높일 수 있지만, 민간어린이집에서는 경력이 잘 인정되지 않기 때문에 보육교사의 경력만큼 급여가 올라가지 않는다. 국공립어린이집의 일자리를 늘리는 일은 보다 많은 보육교사에게 적정한 보수를 주는 좋은 일자리를 마련해주는 일이 될 수 있다.

국공립어린이집 보육교사는 고용 안정성도 상대적으로 높다. 고용 지속성이라는 측면에서 보면 국공립어린이집 보육교사는 어린이집의 위탁체가 변경된다 하더라도 고용승계를 받을 수 있지만, 민간어린이집 보육교사는 대개 1년 단위로 고용계약을 하는 경우가 많다. 안정적인 일자리를 만들기 위해서는 고용체결에서부터 근로계약서를 작성하고 육아휴직과 대체교사 활용 등 복지체계를 정비해야 한다.

보육교사들은 근로환경 중 보육서비스의 질에 영향을 주는 주요 요소로 교사 대 아동 비율을 들었다. 현재 우리나라 영유아보육법에는 만 0세반은 보육교사 1명이 3명, 만 1세반은 5명, 만 2세반은 7명의 영아를 돌보는 것을 기준으로 제시하고 있다. 또한 유아의 경우 만 3세반은 15명, 만 4세반은 20명, 만 5세반은 20명의 유아를 돌보는 기준을 명시하고 있다.

그러나 이와 같은 교사 대 아동 비율은 제도적이고 행정적인 맹점 때문에 보육현장에서 잘 지켜지지 않고 있다. 교사 1명이 실제로는 더 많은 아동을 돌보는 경우가 많다.[43] 이에 정부는 국공립어린이집에 대해서는 2014년 초과보육을 원칙적으로 금지시켰고, 2015년 전면 금지시켰다. 그리고 2016년 초과보육 시행의 구체적 결정을 광역자치단체에 위임하였는데, 그 배경에는 민간어린이집 운영자의 요구에 따라 어린이집의 초과보육을 허용하려는 의도가 숨어 있다. 그러나 서울시는 서울시보육정책위원회의 심의 결과를 수용하여, 초과보육을 사실상 금지시켰다. 이렇듯 국공립어린이집의 경우 교사 대 아동 비율을 지키며 보육하는 일을 선도하며, 보육교사의 노동 강도와 스트레스가 심해지는 것을 미연에 방지하고 있다. 이러한 노력은 보육의 질에도 긍정적 영향을 미친다.

전국의 1만 4,000여 개가 넘는 어린이집 중에서 국공립어린이집만 좋은 서비스와 좋은 일자리를 제공하는 어린이집이라고 말하기는 어렵다. 어떤 직장어린이집의 보수는 국공립어린이집보다 좋다. 어떤 민간어린이집은 자체적으로 승진체계를 두어 교사들에게 동기부여를 하기도 한다. 또 어떤 부모협동어린이집은 교사 대 아동 비율을 법정 기준보다 낮춰 보육교사와 아동의 삶의 질을 높이기 위해 노력하고 있다. 그럼에도 불구하고 국공립어린이집을 더 좋은 일자리라고 말할 수 있는 것은 보육교사의 보수와 근로계약, 복지, 그리고 교사 대 아동 비율에서 오는 보육교사의 노동 강도가 시스템적으로 안정되어 있기 때문이다. 이것은 어린이집 간에, 보육교사 간에 편차가 발생하지 않도록 표준을 따르기 때문이다.

좋은 일자리는 국공립어린이집뿐만 아니라 모든 어린이집에서 보장되어야 한다. 전체 어린이집이 좋은 일자리가 되도록 노력하는 동시에, 한편으로 국공립어린이집을 통해 좋은 일자리를 빠르게 확산시켜 나가야 한다. 서울시가 목표한 대로 2018년까지 국공립어린이집을 추가로 1,000개 확충한다면, 약 1만 명(1개소 당 10명 적용)의 좋은 일자리가 창출될 것이다. 좋은 일자리란 앞서 살펴보았듯이 보수가 안정적이고 고용이 안정적인 일자리다. 이처럼 국공립어린이집 확충은 일자리 정책과도 연계되어 있다.

보육교사를 지원하는 보육서비스지원센터 설립

국공립어린이집이 믿고 맡길 만한 좋은 보육서비스를 제공하기 위해서는 자질을 잘 갖춘 보육교사와 어린이집 원장이 있어야 한다. 그렇지 않으면 국공립어린이집을 확충하는 의미가 반감된다. 좋은 자질을 갖춘 전문 인력을 확보하기 위해서는 다음 네 단계가 필요하다. 첫 번째 단계는 적절한 교육과정을 통해 보육교사를 양성하는 것이고, 두 번째 단계는 어린이집에서 필요로 하는 자질을 갖춘 보육교사를 채용하고 배치하는 것이다. 세 번째 단계는 이들이 전문성을 발휘할 수 있도록 적절한 근로환경을 만들어주는 것이고, 마지막 단계는 그들이 전문성을 계속해서 발전시켜 나가도록 교육프로그램 등을 통해 역량 강화를 지원해주는 것이다. 이 네 단계는 인적자원이라는 측면에서 국공립어린이집들이 믿고 맡길 수 있는 좋은 서비스를 제공하기 위한 필요조건이라고 할 수 있다.

지금까지 모든 국공립어린이집들은 민간위탁으로 운영되고 있다. 정부가 국공립어린이집을 짓기만 하고 운영은 개인, 법인, 단체 등 민간에 전부 맡겨버린다는 의미다. 공공적 성격에 맞게 국공립어린이집을 운영하면서 좋은 서비스를 제공하려면 그 안에 있는 사람들, 특히 보육교사와 원장의 자질이 중요하다. 국공립어린이집 보육교사는 원장이 채용하며, 그 과정이 민간어린이집의 채용 과정과 크게 다르지 않다. 보육교사 국가자격증(1단계)을 가진 사람 중에서 보육교사를 채용(2단계)하고, 업무수행 중에는 영유아보육법에 규정되어 있는 의무적인 보수교육을 받게 한다(4단계). 보육교사들의 근로환경(3단계)은 이미 앞에서 살펴본 바와 같이 보수와 고용안정 등의 측면에서 국공립어린이집이 민간어린이집보다 더 좋다.

국공립어린이집의 원장은 위탁체가 있는 경우에는 위탁체가 채용하며, 개인이 위탁 신청을 한 경우에는 신청자 본인이 맡는다.

서울시는 국공립어린이집 확충과 더불어 국공립어린이집 운영 방식에 관심을 갖고 있었다. 특히 보육교사 지원조직의 필요성을 인식하고 2012년부터 정책적 검토를 시작하였다. 그리고 4년여의 준비 끝에 2015년 6월 보육서비스지원센터를 개원하였다.

보육서비스지원센터는 양질의 보육서비스를 제공하기 위한 어린이집 지원 전담기구로, 보육교직원의 역량 및 전문성을 향상하기 위해 교육을 실시하고 인력풀을 구축하여 국공립어린이집 채용을 지원하는 것을 목적으로 한다.[44] 보육서비스지원센터의 핵심 기능은 다음 두 가지다. 첫 번째는 서울시 국공립어린이집 보육교사가 되고자 하는 이들을 대상으로 추가교육을 실시하고, 이러한 사전교육을 받은 인력풀 안에서 서울시 국공립어린이집 보육교사를 공개채용하도록 한다는 것이다. 두 번째는 현장의 서울시 국공립어린이집 보육교사와 원장을 대상으로 끊임없는 재교육을 실시한다는 것이다. 첫 번째 기능은 앞에서 설명한 전문 인력을 확보하기 위한

1, 2단계와 관련이 있으며, 두 번째 기능은 4단계와 관련이 있다. 서울시는 국공립어린이집을 확충하면 저절로 보육의 질이 좋아지리라 기대하지 않았다. 그래서 시설 확충과 더불어 보육의 질을 높이기 위해 보육서비스지원센터를 설립하여 체계적으로 보육교직원의 역량을 개발하도록 적극 지원하고 있다.

국공립어린이집 보육교사, 예비교사 양성부터 역량강화까지

서울시는 먼저 보육교사들이 서울시 소재 국공립어린이집에 진입하는 장벽을 높였다. 국공립어린이집 보육교사가 되고자 하는 사람은 보육서비스지원센터에서 실시하는 교육과정을 이수하고 인력풀에 등록하도록 하였다. 우선 그 과정을 좀 더 자세히 살펴보면 취업 희망자는 먼저 교육대상자 선정시험에 합격해야 하고, 그 후 최대 48시간 과정(신입보육교사 기준)의 교육을 받아야 한다. 그리고 이후 치르는 종합

평가에서 일정 점수 이상을 얻어야만 인력풀에 등록할 수 있으며 이 과정에서 인성검사도 받아야 한다.

이러한 과정을 거치도록 하는 이유는 국공립어린이집 원장들이 보육교사를 채용하기 이전에 일차적으로 다양한 과정을 통해 배출되는 보육교사[45] 중에서 어느 정도 자질 있는 보육교사를 선별하려는 취지도 있지만, 보육서비스지원센터에서의 교육과정을 거쳐 국공립어린이집의 공공성과 서비스 질에 대한 사회의 요구에 보육교사들이 부응할 수 있도록 사전에 준비시키기 위해서다. 특히 후자의 의미가 더욱 크다. 교육내용에서 그것을 확인할 수 있는데 교육과정은 보육의 공공성,

국공립어린이집 보육교사 인력풀 등록을 위한 진행 절차

자료: 보육서비스지원센터 http://child.seoulwomen.or.kr (download 2016.9.1.)

인권감수성, 보육의 전문성으로 구성되어 있다. 그중 보육의 공공성과 인권감수성에 대한 교육은 국공립어린이집에서 기본적 방향으로 삼아야 하는 공공성과 투명성에 대한 이해를 높이고, 아동과 보육교사의 인권보장 그리고 양성평등사회의 가치가 실현될 수 있도록 기본 준비를 시키는 과정이라고 할 수 있다.

이와 같은 교육을 이수한 경우에만 국공립어린이집 채용에 지원할 수 있도록 한 것은 앞서 언급한 전문 인력 확보의 1단계, 즉 보육교사로서 기본적 자질을 강화하는 과정이라고 할 수 있다. 국공립어린이집 보육교사가 되려면 전문적 자질은 물론 공공성과 인권에 더욱 민감해야 하기 때문이다.

국공립어린이집 보육교사 인력풀 교육과정

보육공공성	인권감수성	보육전문성
1. 보육공공성 및 보육 정책의의 이해 2. 보육사업 및 영유아 보육법의 이해 3. 어린이집 회계운영의 이해	4. 근로기준법의 이해 5. 아동인권 이해와 실천 6. 보육교사 셀프리더십 7. 보육교사 윤리 및 책무성 8. 보육교사 젠더 감수성	9. 보육과정 및 프로그램 ① 영유아발달과 보육 과정 ② 영유아보육과정 운영계획 ③ 자유선택 활동 ④ 대소집단 활동 10. 영유아 행동지도 11. 실습

자료: 보육서비스지원센터 http://child.seoulwomen.or.kr (download 2016.9.1.)

이제 국공립어린이집 원장들은 준비된 보육교사 인력풀 안에서 공개 채용해야 한다. 보육교사 채용을 위해 보육서비스지원센터에 구인등록을 해야 하고, 인력풀 안에서 구직 희망자가 나오면 그에 관한 기본 정보를 요청할 수 있으며, 면접을 통해 채용을 확정하면 된다. 서울시에 따르면 2015년 보육서비스센터 설립 이후 2016년 8월까지 2,209명이 교육을 받았고, 이 중 1,550명이 인력풀에 등록하였으며 그중 449명이 어린이집에 채용되었다. 2016년에 채용된 431명 중 400명은 국공립어린이집에 채용되었다.[46]

이처럼 보육서비스지원센터의 사업은 국공립어린이집 보육교사의 채용과 배치에 영향을 준다. 전문 인력을 확보하기 위한 2단계에도 변화가 생겼다는 것이다. 자질 있는 보육교사를 채용하기 위해 전문성과 공공성에 민감한 보육교사 인력풀을 만드는 것도 중요하지만, 인력풀 자체가 커야 좋은 교사를 채용할 수 있다. 아쉽게도 보육서비스지원센터가 설립 · 운영된 지 얼마 되지 않아 아직까지는 인력풀이 작다. 이로 인해 아직까지는 채용 당사자인 어린이집 원장들에게 만족감을 주지 못한 부분이 있다. 서울시는 보다 많은 우수한 인재들과 특수교사 등 다양한 분야의 인력들이 보육교사 인력풀에 들

국공립어린이집 원장 교육과정

보육공공성	보육투명성	보육전문성	보육개방성
1. 보육공공성 및 보육정책의 이해 2. 국공립어린이집 운영의 이해	3. 어린이집 재무 관리 4. 어린이집 회계 시스템(실습) 5. 건강영양안전 관리	6. 조직문화와 원장의 리더십 7. 보육과정 운영과 지원 8. 어린이집 보육 교직원관리 (어린이집 노무 관리) 9. 어린이집 원아 관리	10. 가족 및 지역 사회와 협력 11. 어린이집 운영 평가

자료: 보육서비스지원센터 http://child.seoulwomen.or.kr (download 2016.9.1.)

어올 수 있도록 더 많은 노력을 기울여야 한다.

보육서비스지원센터는 보육교사 인력풀의 구성과 채용에 대한 지원뿐만 아니라 보육교직원의 역량강화와 전문성 향상을 위한 교육 컨텐츠를 개발하고 교육하는 역할도 하고 있다.[47] 이러한 역할은 전문 인력의 확보·유지를 위한 4단계와 관련이 있다. 무엇보다 서울시 국공립어린이집이 공공성 있고 투명하게 운영되기 위해서는 원장의 운영철학과 능력이 중요하다. 국공립어린이집 원장 교육과정에 참여했던 원장들은 보육의 공공성과 투명성, 보육의 전문성과 개방성 등에 대한 교육을 통해서 어린이집 노무관리와 영유아관리, 가족 및 지역사회와의 협력에 대해 보다 잘 이해하게 되었다고 한다. 교육 참여자들에게 국공립어린이집 원장으로서 갖추어야 할 기본적 자질과 어린이집 운영 방향을 다시 한 번 확인시키고, 특히 민간에서 국공립으로 전환한 어린이집의 원장들이 국공립어린이집의 의미를 인식하게 하는 기회를 제공하고 있다.[48]

CHAPTER 5

국공립어린이집 운영을 차별화하다

믿고 맡길 어린이집을 위해

서울시는 국공립어린이집을 확충해나가면서 고민에 빠졌다. 국공립어린이집 확충은 분명 보육의 공공성을 확보하는 데 있어서 반드시 이루어야 할 과제다. 그러나 서울시가 막대한 예산을 투입해 국공립어린이집을 대거 확충한다 해도 보육에 대한 책임을 다 이행하였다고 볼 수 없다. 서울시가 국공립어린이집을 확충해가는 만큼이나 서울시 국공립어린이집의 서비스 질과 공공성 있는 운영에 대한 기대도 커졌기 때문이다. 그 기대를 충족시키지 못한다면 서울시의 국공립어린이집 확충 정책 자체도 신뢰를 얻지 못하게 된다.

국공립어린이집이 늘어나는 것만으로 믿고 맡길 수 있는 어린이집이 늘어난다고 말할 수 있을까? 일반적으로는 그렇다고 말할 수 있다. 정부에서 실시하는 어린이집 평가인증유지율이 국공립어린이집은 91.8%, 민간어린이집은 78.0%로 국공립어린이집이 더 높다(2016년 8월말 기준).[49] 어떤 어린이집이 평가인증을 통과했다는 것은 정부가 요구하는 일정 수준을 충족했다는 의미다. 대부분의 국공립어린이집이 평가인증을 통과함으로써 서비스 질이 상대적으로 우수하다는 것이 검증되었다.

국공립어린이집에 대한 이용자들의 만족도도 높은 편이다. 2015년의 보건복지부 · 육아정책연구소의 실태조사를 보면, 국공립어린이집은 5점을 만점으로 한 만족도에서 4.15점을 얻었고, 민간어린이집은 3.97점을 받았다. 국공립어린이집에 대한 만족도가 민간어린이집 보다 높은 것을 확인할 수 있다. 그렇다고 현재에 안주할 수는 없다. 국공립어린이집과 마찬가지로 정부로부터 인건비를 지원 받는 법인어린이집에 대한 이용자들의 만족도는 4.18점으로 더 높다. 그리고 취업부모들이 주로 이용하는 직장어린이집에 대한 만족도는 4.36점으로 훨씬 높다. 소규모의 가정어린이집에 대한 만족도도 4.07점으로 국공립어린이집과 큰 차이가 나지 않는다. 국공립어린이집이라는 것만으로 가장 믿고 맡길 만한 어린이집이 되는 건 아니라는 말이다.

국공립어린이집을 확충하는 방법은 다양하다. 어린이집을 매입하여 신축하기도 하고, 종교기관 등 민간기관과 연대하여 확충하기도 하며, 아파트 단지의 관리동을 활용하는 방안도 있다. 2015년부터 새로운 확충 방법이 동원되었는데, 바로 민간어린이집을 국공립어린이집로 전환하는 방법이다. 2015년 확충한 어린이집 163개소 중 60.1%에 해당하는 98개소 어린이집이 전환어린이집이다.[50] 민간어린이집을 운영하던 원장이 한순간 국공립어린이집의 원장이 되어 어린이집을 운영하게 되는 것이다. 이는 형태만 국공립어린이집일 뿐, 민간어린이집처럼 운영될 여지가 있다. 따라서 모든 국공립어린이집 신임 원장뿐만 아니라 전환어린이집의 원장들에게 국공립어린이집 운영, 특히 서울시의 국공립어린이집 운영에 관한 철학과 방향을 공유할 필요가 있다.

서울시는 2016년 지방자치단체 최초로 지자체의 보육정책

철학을 담은 '국공립어린이집 운영 가이드라인'을 연구하기 시작하였다. 지금까지 정부는 영유아를 위한 '표준보육과정(만 0~2세)' 또는 '누리과정(만 3~5세)' 등 커리큘럼을 보급하는 정도였을 뿐, 어린이집을 어떻게 운영하면 되는지 운영 가이드라인을 종합적으로 제공하지 않았다. 공공성이 강조되어야 할 국공립어린이집에 대한 운영 가이드라인은 더더욱 없었다. 서울시의 국공립어린이집 운영 가이드라인은 서울시 국공립어린이집의 표준을 제시할 뿐만 아니라, 우리나라 국공립어린이집의 역할과 운영에 대한 방향을 제시할 것이다.

서울시 국공립어린이집의 운영 철학과 목표

보육철학의 기조는 '영유아의 심신을 보호하고 건전하게 교육하여 건강한 사회구성원으로 육성함과 아울러 보호자의 경제적 사회적 활동이 원활하게 이루어지도록 함으로써 영유아 및 가정의 복지 증진에 이바지 함'이라는 영유아보육법 제1조 목적에서 찾을 수 있다. 영유아보육법 제3조에 규정된 보육이념은 서울시 보육의 이념이기도 하며, 특히 국공립어린이집에서 선도적으로 실천해야 하는 내용이기도 하다. 보육이념의 내용은 다음과 같다. 첫째, 보육은 영유아의 이익을 최우선적으로 고려하여 제공되어야 한다. 둘째, 보육은 영유아가 안전하고 쾌적한 환경에서 건강하게 성장할 수 있도록 하여야 한다. 셋째, 영유아는 자신이나 보호자의 성, 연령, 종교, 사회적 신분, 재산, 장애, 인종 및 출생지역 등에 따른 어떠한 종류의 차별도 받지 아니하고 보육되어야 한다.

서울시는 영유아보육법의 목적과 이념을 반영하여 아래와 같이 '서울보육선언'을 만들었다. 이 선언을 통해 서울시 보육의 가치와 목적을 확인할 수 있다. 주요 내용은 아동의 권리 존중, 아동의 개별성 존중, 아동의 삶의 질 향상, 보육의 전문성 · 공공성 · 책임성 등에 관한 것으로 구성되었다.

서울보육선언

하나, 우리는 영유아의 소중한 권리를 위하여 성별, 장애, 계층, 종교, 국적 등에 따른 차별 없는 보육을 최우선으로 한다.

하나, 우리는 영유아의 개별성을 존중하여 창의성과 잠재력이 최대한 발휘될 수 있는 보육 환경을 제공한다.

하나, 우리는 보육의 전문성 향상과 공공성 확보를 위해 끊임없이 노력하고 혁신한다.

하나, 우리는 영유아의 첫 스승이자 보육의 주체인 보육교사로서 존경과 신뢰를 바탕으로 그들의 삶의 질 향상을 위해 노력한다.

하나, 우리는 보육이 우리 모두의 책임임을 인식하고 정치, 경제, 행정, 언론 등 사회 각 분야의 자발적 참여와 협력을 지향한다.

하나, 우리는 영유아가 고유의 문화와 전통의 바탕 위에서 세계 속의 민주시민으로 자랄 수 있도록 보육한다.

또한 서울시는 현재 '국공립어린이집 운영 가이드라인'을 개발 중이다. 이 가이드라인에 따르면 서울시 어린이집의 운영철학을 다음 일곱 가지로 정리하고 있다.[51]

첫째, 아동의 권리와 이익의 최우선 원칙을 토대로 전인적 성장 발달 중심의 보편적 서비스를 제공한다.

둘째, 보육서비스 제공에 있어서 아동의 특수성과 다양성, 지역 환경적 요인 등을 고려한 균등한 발달 지원이 이루어지도록 보육계획과 보육과정을 마련하고 실천하여야 한다.

셋째, 보육서비스의 관리 구조, 보고 체계, 개인의 역할과 책임에 대해 숙지하고, 보육교직원은 필요한 경험과 기술, 특성과 역량을 가지고 보육서비스를 제공한다.

넷째, 보육서비스 공급의 적정 기준에 의한 예산 수립 및 그에 따른 지출(운영)의 투명성 확보 및 공개 그리고 내 · 외부

점검 체제 마련 및 책임 운영이 이루어진다.

다섯째, 어린이집은 철저한 안전, 위생, 건강관리 계획을 세우고 실천해야 한다. 건강관리에는 예방접종 관리, 아동발달, 인원, 연령에 적절한 급간식(식수포함)을 제공, 위생적인 환경 및 식자재 관리, 충분한 휴식, 식습관에 대한 이해 등을 포함한다. 특히 어린이집을 이용하는 동안 안전하고 친밀하게 보살핌을 받도록 환경을 조성할 뿐 아니라 지속적인 정기점검 및 관리가 이루어지도록 체계를 마련하고 이를 실천하는 데 최선을 다한다.

여섯째, 지역 유관기관 및 행정기관 등과 적극적인 협력을 통한 지역사회 돌봄 실현 및 자원연계를 통한 공공기관으로서 책무성을 다한다.

일곱째, 어린이집은 개방성과 불만에 대해 진지하게 고민하고 수정하여 교육의 질을 높이기 위해 적극 노력한다.

서울시 어린이집은 보호자가 취업, 학업, 질병 등의 이유로 자녀를 양육할 수 없는 경우 아동이 건전하게 잘 자라도록 적극적인 보호와 교육 서비스를 제공하는 역할을 한다. 어린이집은 다양한 영유아의 개개인별 특성과 환경을 고려한 접근과 함께 동등한 기회를 제공할 수 있도록 최선을 다하는 것이다.

서울시는 국공립어린이집의 보육목표와 원칙으로 아동의 발달 증진, 보육교직원의 전문성, 부모 및 지역사회와의 신뢰, 기본생활 습관과 태도, 공동체의식 강화와 지역사회와의 협력, 보편적 보육 등의 요소를 강조하고 있다.

서울시 국공립어린이집의 보육목표 및 원칙

1. 아동발달 특성에 적합한 양질의 보육서비스를 제공, 발달 증진에 최선을 다한다.
2. 양질의 보육서비스 제공을 위한 보육교직원의 전문성과 대응성을 강화한다.
3. 서울시-어린이집-보육교직원-학부모-지역사회 등 신뢰를 기반으로 투명한 운영이 이루어지도록 최선을 다한다.
4. 건강, 안전, 위생 관리 등 기본생활에 필요한 습관과 태도를 길러, 심신의 건강한 기초를 마련한다.
5. 지역사회 다양한 사람과의 관계를 통해서 다양한 욕구와 감정을 느낄 수 있는 보육환경 구성, 즉 사회적 돌봄의 공동체 의식을 강화하고, 지역 유관기관 및 행정기관 등과의 적극적인 협력을 통한 사회적 돌봄을 실현한다.
6. 보편적 보육을 통한 형평성 보장 및 기관의 책무성을 다한다.

자료: 안현미 외, 2016, 『보육서비스 향상을 위한 서울시 국공립어린이집 운영 가이드라인 개발』(미간행)

국공립어린이집 관리는 더 철저하게!

서울시는 앞서 살펴본 서울시의 보육철학과 원칙이 국공립어린이집에 반영될 수 있도록 가이드라인과 더불어 평가편람(안)을 만들었다. 2016년 시범사업을 거쳐 올해부터 서울시 국공립어린이집에 대한 컨설팅을 진행할 전망이다

서울시의 평가지표는 5개 영역, 즉 어린이집 운영관리, 영유아 관리, 보육교직원 관리, 운영의 개방성 및 지역사회 연계, 재무관리로 구분되어 있다. 이와 같은 지표는 서울시 국

공립어린이집이 시민들에게 양질의 서비스를 제공하는 공공서비스기관으로서의 역할을 제대로 해나가는 데 도움이 될 수 있다.

그러나 이것만으로는 국공립어린이집에 대한 공적관리를 제대로 하는 데 한계가 있다. 앞으로 국공립어린이집에 더 많은 운영 지원이 필요하다. 국공립어린이집 원장에게 관리 책임을 물을 수도 있지만 소규모 시설과 제한적 재정의 한계를 고려한다면 무엇을 어떻게 지원할지에 대한 고민이 더욱 필

서울시 국공립어린이집 컨설팅지표

구분	대분류
1. 어린이집 운영관리	**1-1.** 운영체계의 적절성 **1-2.** 시설 · 설비 안전성 **1-3.** 원장의 리더십과 전문성
2. 영유아 관리	**2-1.** 영유아 인권보장 **2-2.** 영유아의 개별성 보장 **2-3.** 취약보육의 충실성
3. 보육교직원 관리	**3-1.** 보육교직원 근무환경 개선노력 **3-2.** 보육교직원의 역량과 전문성 제고 **3-3.** 보육교직원 인사관리의 공정성
4. 운영의 개방성 및 지역사회 연계	**4-1.** 운영의 개방성 **4-2.** 지역사회 자원 연계성
5. 재무관리	**5-1.** 운영의 공개성 **5-2.** 운영의 투명성

자료: 서울시 · 서울시여성가족재단, 2016, 『서울시 국공립어린이집 운영컨설팅 설명회 자료집』, pp.8-9.

요하다. 예를 들어 안전관리의 책임을 원장에게 모두 맡기는 대신 직접 안전관리를 해주고, 보건관리의 책임을 묻는 대신 직접 필요한 보건서비스를 지원하는 것이다. 그런 의미에서 서울시 국공립어린이집에 대한 공적관리는 '무엇을 공적으로 지원해야 하는가'에 대한 질문에서 출발할 필요가 있다. 어린이집 원장의 역할과 책임, 그리고 서울시의 역할과 책임이 조화를 이루고, 민간부문 어린이집들도 공공성 있는 운영을 할 수 있도록 서울시의 지원과 관리가 필요하다. 이를 위해서는 추후 서울시 어린이집 전반에 대해 지속적으로 지원할 수 있는 공적관리시스템을 구축할 필요가 있다.

서울시 국공립어린이집 확충, 어떤 변화를 가져올 것인가

보육서비스는 공급(확충주체)과 재정(운영주체)에 있어서 다양한 형태의 복지혼합으로 나타난다. 예를 들어 정부가 어린이집을 확충하고 직접 운영하기도 하며(정부직영어린이집), 정부가 어린이집을 지어 민간에 운영을 위탁하기도 한다(우리나라의 국공립어린이집), 그리고 민간이 어린이집을 짓고 직접 운영하기도 한다(민간어린이집 등).

국공립어린이집 확충은 곧 국가가 국가의 책임을 이행하고 공공성을 확보해나가는 것을 의미한다. 영유아보육은 국가의 책임이므로 국가(또는 정부)가 직접 어린이집을 확충하고 운영하는 것이 원칙이다. 일본, 프랑스, 스웨덴 등의 직영시설이 그러한 형태이다. 일본에서 보육교직원은 공무원 신분이다. 우리나라는 국공립어린이집 운영을 민간에 위탁하기 때문에 직영어린이집보다 국가 책임이 약한 형태다. 정부가 운영하는 기관은 공공기관으로서 그 어떤 기관보다 공공성이 높아야 한다. 정부직영기관이 아니더라도 정부사업을 수행하는 기관은 높은 공공성이 요구된다. 우리나라의 보육은 94%가 민간부문에서 공급하고 운영하고 있다. 국가사업분야에 민간 참여가 과도한 형태다. 그래서 우리나라에서 국공립어린이집을 확충해가는 과정은 국가책임을 확대해가는 과정이고 공공성을 확보해가는 과정이 된다.

서울시의 국공립어린이집 확충은 기존의 민간의존정책이나 민간부문을 통한 공공성 제고 전략에서 공공부문의 책임 자체를 강화하는 전략이다. 오세훈 전 서울시장 시절부터 추진해온 서울형어린이집 지원사업도 어느 정도 효과는 있었지만 결국 민간부문의 한계에 직면할 수밖에 없음을 몇 가지 사례를 통해 확인했다. 그렇다면 우리는 왜 보육의 공공성 강화를 끊임없이 얘기해야 하는가? 그것은 서비스 제공 주체에 따라 이념 또는 동기, 수혜자와 공급자의 사회적 지위 등이 달라지기 때문이다.[52]

서울시의 국공립어린이집 확충을 통해서 우리는 다음과 같은 것을 기대할 수 있다.[53] 민간부문 주도적 공급에서 공공부문이 강화되면 첫째, 보육의 공공 가치가 강화된다. 경제적 이윤 동기가 약화되고, 책임 있고 투명한 운영이 확대된다.

둘째, 국공립어린이집 확충은 양질의 보육서비스를 받을 수혜자의 권리를 증진시킨다. 국공립어린이집은 민간어린이집과 비교하여 운영과 서비스에 대한 지도·감도·규제 등이 엄격할 뿐만 아니라 서울시가 추진 중인 '국공립어린이집 운영 가이드라인'이나 '국공립보육교사 관리시스템(보육서비스지원센터)', '투명한 회계관리 장치(클린회계 등)' 등은 어린이집 운영과 서비스의 전문성을 향상시킨다.

셋째, 국공립어린이집 확충은 수혜자인 취업부모의 일-가정 양립 지원에 보다 부합한다. 국공립어린이집의 운영 방식(실질적 운영 시간, 시간 연장 보육, 입소 순위 등)은 민간어린이집 운영 방식보다 취업부모에게 친화적이다. 또한 입소 대기기간을 줄임으로써 부모의 사회경제적 활동을 원활히 지원할 수 있다.

넷째, 국공립어린이집 확충은 수혜자인 영유아의 무상보육을 받을 권리를 증진시킨다. 국공립어린이집이 증가할수록 무상보육 수혜자도 증가한다. 또한 특별활동 등 기타비용에 대한 부담도 감소된다.

다섯째, 국공립어린이집 확충은 서비스 제공자인 보육교사에게 좋은 일자리를 제공한다. 국공립어린이집은 민간어린이집보다 보수가 안정적이고 경력이 쌓일수록 보수 수준도 더 나아진다. 또한 국공립어린이집은 고용계약기간이 없는 무기계약인 반면, 민간어린이집은 유기계약이 대부분이다. 따라서 국공립어린이집 1000개 확충 사업은 향후 1만 명 이상의 좋은 일자리를 창출하는 데 기여할 수 있다.

여섯째, 서울시의 국공립어린이집 확충 방식은 민관 협력 구조라는 것이 큰 장점이다. 국공립어린이집 확충 과정에서 민간어린이집과의 갈등을 약화하고, 민간 무상임대, 민간 전환, 서울형어린이집에 대한 우선권 부여 등 새로운 거버넌스를 시도하고 있다.

이처럼 국공립어린이집 확충은 보육의 사회적 책임과 공공성, 그리고 저출산 시대에 더욱 요구되는 일 · 가정 양립 지원을 위한 효과적인 전략이다. 서울시의 경험은 국공립어린이집 확충이 가정경제와 일자리 창출, 서비스 질 제고에 직접 영향을 미친다는 것을 다시 한번 증명했다. 이제 중앙정부도 보육서비스의 직접 제공자로서, 국공립어린이집을 30% 이상 확보하는 데 투자를 아끼지 말아야 할 것이다.

주석

1) 안현미, 2016, "서울시 국공립보육시설 +1000 확충과 서울보육의 청사진", 『서울시 보육정책의 미래청사진을 그리다』 보육토론회 자료집, 서울시여성가족재단.
2) 1991년에 제정된 영유아보육법의 목적(제1조)은 '보호자가 근로 또는 질병 기타 사정으로 인하여 보호하기 어려운 영아 및 유아를 심신의 보호와 건전한 교육을 통하여 건강한 사회성원으로 육성함과 아울러 보호자의 경제적 · 사회적 활동을 원활하게 하여 가정 복지 증진에 기여'하는 것이다.
3) 보건복지부, 각 연도, 『보육통계』 참고.
4) 서울특별시 내부자료.
5) 보건복지부, 2012, 2016, 『보육통계』 참고.
6) 한국보육진흥원, 평가인증관련통계, https://www.kcpi.or.kr.
7) 보건복지부, 2012, 2016, 『보육통계』 참고.
8) 서울특별시 여성가족정책실, 2016, 서울시 보육비전 2020 내부자료.
9) 2015년 현재 전체 영유아 중 30.9%인 146,200명에 해당된다(서울특별시 여성가족정책실, 2016, 앞의 책).
10) 김송이 · 이혜숙, 『2014, 양육수당 도입 이후 보육수요 실태 및 보육인프라 다각화 방안』, 서울시여성가족재단.
11) 서울특별시 여성가족정책실, 2016, 위의 책.
12) 백선희, 2016, "서울시 민선 5기, 국공립보육시설 확충정책의 성과와 과제", 비판과 대안을 위한 사회복지학회 추계학술대회 발표자료집.
13) 서울특별시 여성가족정책실, 2014, 국공립어린이집 1000개소 확충계획.
14) 서울특별시 여성가족정책실, 2014, 앞의 책.

15) 서울특별시, 2012, 『서울시민 복지기준』, pp.58~60.

16) 국공립어린이집 정원은 원래 30명 이상이다. 중앙정부는 서울특별시 등의 요청을 수용하여, 20인 이하의 가정형 국공립어린이집도 가능하도록 영유아보육법 개정을 추진했다.

17) 서울특별시 여성가족정책실, 2014, 위의 책.

18) 서울특별시, 2016, 2016 『서울시 보육사업안내』.

19) 서울특별시 여성가족정책실, 2014, 위의 책.

20) 서울특별시 여성가족정책실, 2014, 앞의 책.

21) 아주경제, "생보재단, 구로 생명숲어린이집 개원", (2012.9.7.).

22) 서울특별시, "서울시, 국공립어린이집 100호점 개원… '지역참여형'", (2015.3.10.).

23) 불교신문, "서울 흥천사 구립어린이집 기공", (2014.3.28.).

24) 현재까지 공인된 수는 2,903개소이고, 서울형어린이집 재평가를 통하여 1,555개소가 공인 취소되었다(서울특별시 여성가족정책실, 2016, 위의 책).

25) 서울특별시, 2016, 위의 책.

26) 서울특별시 여성가족정책실, 2016, 위의 책.

27) 서울특별시 여성가족정책실, 2016, 위의 책.

28) 누리과정 이전에는 어린이집에서는 '표준보육과정', 유치원에서는 '유치원교육과정'에 따른 보육 또는 교육서비스를 제공하였다. 그러나 이제 어린이집과 유치원이 각각의 보육과정과 교육과정을 사용하지 않고, 누리과정이라는 통합과정을 공통으로 사용한다.

29) 시행규칙은 낮 12시부터 오후 6시까지, 만 18개월 이상을 대상으로 특별활동프로그램을 할 수 있도록 허용하고 있다. 특별활동의 내용은 음악 · 미술 · 체육 등 예체능 분야, 외국어 등 언어 분야, 수리 · 과학 등 창의 분야 등인데(영유아보육법 시행규칙, 제30조2), 누리과정 등 국가적 교육과정을 실시하고 있으면서 공공서비스 기관인 어린이집에서 일종의 사교육을 실시하는 것은 문제가 있다.

30) 서울특별시, 2014, 어린이집 특별활동 개선 종합대책.

31) 서울특별시 여성가족정책실, 2016, 위의 책.

32) 서울특별시 여성가족정책실, 2016, 위의 책.

33) 서울특별시, 2016, 위의 책.

34) 서수경, 2015, 『희망서울(연구형) 국공립어린이집 위탁운영 지원 및 관리』, 서울시여성가족재단.

35) 서수경, 2015, 앞의 책, p.41.

36) 서수경, 2015, 앞의 책, p.49.

37) 서수경, 2015, 앞의 책, p.49.

38) 방하남 · 이상호, 2006, "좋은 일자리(Good job)의 개념구성 및 결정요인의 분석", 『한국사회학』 40(1), pp.93-126.

39) Centre for Community Child Health Royal Children's Hospital(CCCHRCH), 2006, Quality in Children's Services, 『Policy Brief』 (2), p.1.

40) Centre for Community Child Health Royal Children's Hospital(CCCHRCH), 2006, 앞의 책.

41) 안현미 · 김현실, 2013, 『서울시 보육교사 근로환경 개선방안 연구』, 서울시여성가족재단, p.102.

42) 지방공무원 보수규정 별표 3 '일반직공무원과 일반직에 준하는 특정직 및 별정직 공무원 등의 봉급표(제5조 및 별표 1관련)'; 서울특별시 복지정책과, 2015, '2016년 서울시 사회복지시설 종사자 인건비 지급기준'.

43) 이와 관련된 자세한 내용은 다음 논문을 참고하였다. 백선희, 2016, "보육시설에서의 초과 보육 허용 정책에 대한 비판 및 대안의 모색 - 보육의 질적 측면에서의 접근", 『비판사회정책』 (51), pp.133-174.

44) 서울시여성가족재단 보육서비스지원센터, http://child.seoulwomen.or.kr.

45) 우리나라 보육교사 자격증은 국가자격증으로 발급되며 1급, 2급, 3급으로 구분된다. 기본적인 특징을 살펴보면 보육교사 3급은 고등학교 졸업 이상의 학력자가 국가가 인정한 보육교사 교육기관에서 일정 시간의 교육과 평가를 거치면 주어진다. 보육교사 2급은 전문대학 또는 대학에서 관련 교육을 받은 경우에 주어지며, 보육교사 1급은 보육교사 2급 자격증을 갖고 있는 사람이 3년 이상의 현장경력을 갖고 보수교육을 이수하면 주어진다.

46) 서울특별시 여성정책가족실, 2016, 위의 책.

47) 서울시보육서비스지원센터 운영지침(2015) 제6조 기능 및 역할.

48) 교육 참여자들을 대상으로 한 조사에서 특히 노무관리(4.8/5점), 영유아 관리(4.7/5점), 가족과 지역사회와의 협력(4.8/5점)에 대한 교육만족도가 높았다. 또한 교육에 참여하면서 국공립어린이집에 대해 보다 잘 이해하게 되는 등의 변화가 있었다고 응답하였다(서울시여성가족재단, 2015, 서울시 보육서비스지원센터 설립 및 운영, pp.104-105).

49) 한국보육진흥원, https://www.kcpi.or.kr.

50) 서울특별시, 2016, 위의 책.

51) 안현미 외, 2016, 보육서비스 향상을 위한 서울시 국공립어린이집 운영 가이드라인 개발, 서울시여성가족재단(미간행)에서 발제한 내용임.

52) 백선희, 2016, "서울시 보육정책의 기조와 함의: 국공립보육시설 확충정책을 중심으로", 2016 사회정책연합 공동학술 대회 자료집.

53) 백선희, 2016, 앞의 책.

참고문헌

- 강혜규 외, 2007, 『사회 서비스 공급의 역할분담 모형개발과 정책과제 - 국가 · 시장 · 비영리민간의 재정 분담 및 공급참여 방식』, 한국보건사회연구원.
- 국제뉴스, 2016. 8. 26, "관악구, 고령 노인 12% … 꿈과 희망 찾아드려요.".
- 금천구, 2016, 세출예산사업명세서.
- 김송이 · 백선희 · 백은주, 2015, 『서울시 보육 중장기 종합계획 수립을 위한 연구』, 서울시여성가족재단.
- 김송이 · 이혜숙, 『2014, 양육수당 동비 이후 보육수요 실태 및 보육인프라 다각화 방안』, 서울시여성가족재단.
- 노원구, 2016, 2016년 회계연도 일반특별회계 세입세출사업예산.
- 뉴스미션, 2013. 4. 8., "지역사회에 활짝 문 연 교회들 … 서울시 협력, 효율 '업'".
- 동양뉴스통신, 2016. 5. 26., "서울시, '보육반장과 함께 하는 보육반상회' 개최".
- 동작구, 2016, 세출예산사업명세서.
- 머니투데이, 2015. 5. 8., "입소는 꿈이죠…서울 국공립어린이집 1000개 '무색'".
- 방하남 · 이상호, 2006, "좋은 일자리(Good job)의 개념구성 및 결정요인의 분석", 『한국사회학』 40(1), pp.93-126.
- 백선희, 2016, "보육시설에서의 초과보육 허용 정책에 대한 비판 및 대안의 모색 - 보육의 질적 측면에서의 접근", 『비판사회정책』 (51), pp.133-174.
- 백선희, 2016, "서울시 보육정책의 기조와 함의: 국공립보육시설 확충정책을 중심으로", 『지방자치 20년, 복지갈등의 현 주소와 미래에 대한 성찰』, 2016 사회정책연합 공동학술대회 자료집.
- 베이비타임즈, 2016. 7. 27., "『모범어린이집 탐방』 아이 · 부모 · 교사가 오고 싶은 '목3동

보듬이어린이집'".

- 보건복지부, 2016, 2016『보육사업안내』.
- 보건복지부 · 육아정책연구소, 2016,『2015년 전국보육실태조사: 어린이집조사 보고』.
- 불교신문, 2014. 3. 28., "서울 흥천사 구립어린이집 기공".
- 서수경, 2015, 희망서울(연구형)『국공립어린이집 위탁운영 지원 및 관리 - 최종보고서』, 서울시여성가족재단.
- 서울뉴스통신, 2016. 5. 26., "서울시, 보육반장을 '보육전문가'로".
- 서울특별시, 2013, 보도자료 "국공립어린이집 212개소 확충, 보육 공공성 강화".
- 서울특별시, 2013. 3. 11., "서울시는 올해도 국공립어린이집 100개소를 확충합니다!"
- 서울특별시, 2014. 2. 28., "희망의 노랑새가 사는 국공립어린이집".
- 서울특별시, 2015. 3. 10., "서울시, 국공립어린이집 100호점 개원… '지역참여형'".
- 서울시여성가족재단, 2015,『2014 성인지 통계』.
- 서울시여성가족재단, 2015, 서울시 보육서비스지원센터 설립 및 운영.
- 서울특별시 여성가족정책실. 2014. 11, 국공립어린이집 1000개소 확충계획.
- 서울특별시 여성가족정책실, 2016, 서울시 보육비전 2020 내부자료.
- 서울특별시, 2012,『서울시민 복지기준』.
- 서울특별시, 2016, 2016『서울시 보육사업안내』.
- 아주경제, 2012. 9. 7., "생보재단, 구로 생명숲어린이집 개원".
- 안현미, 2012,『국공립어린이집 확충 타당성 연구 - 학부모 의견조사를 토대로』, 서울시 여성가족재단.
- 안현미, 2016, "서울시 국공립보육시설 +1000 확충과 서울보육의 청사진",『서울시 보육 정책의 미래청사진을 그리다』 보육토론회 자료집, 서울시여성가족재단.
- 안현미 · 김현실, 2013,『서울시 보육교사 근로환경 개선방안 연구』, 서울시여성가족재단.
- 안현미 외, 2016,『보육서비스 향상을 위한 서울시 국공립어린이집 운영 가이드라인 개발』, 서울시여성가족재단(미간행).
- 에코데일리, 2016. 4. 26., "엄마의 마음으로 자전거 안전교육 '눈길'".
- 이슈와 뉴스, 2016. 3. 2., "서울시, 재능기부로 어린이집 특별활동 부모부담 경감".

- 파이낸셜뉴스, 2015. 5. 31., “서울시 ‘동네 보육반장’ 2년 만에 250개 모임 ‘붐업’ ”.
- 한국보육진흥원, 2016, 평가인증관련통계, https://www.kcpi.or.kr.
- Centre for Community Child Health Royal Children's Hospital(CCCHRCH), 2006, Quality in Children's Services, 『Policy Brief』 (2), p.1.
- OECD, 2015, “Quality of Childcare and Early Education Services”, OECD Family Database.
- 보육서비스지원센터, http://child.seoulwomen.or.kr.
- 서울시육아종합지원센터, http://seoul.childcare.go.kr.
- 서울특별시 보육포털사이트, http://iseoul.seoul.go.kr.
- 서초구육아종합지원센터, http://youngua.seocho.go.kr.
- 한국보육진흥원, https://www.kcpi.or.kr.
- 영유아보육법
- 서울시 · 서울시여성가족재단, 2016, 『서울시 국공립어린이집 운영컨설팅 설명회 자료집』